निमित्त

सुरेंद्र कुमार श्रीवास्तव

नेहा , अबीर , सिद्धार्थ

रायका , रियान

और

धनञ्जय

क्रम-सूची

क्रम-सूची

क्रम-सूची

प्रस्तावना

आदरणीय श्री सुरेंद्र कुमार श्रीवास्तव एक अनुरागी एबं प्रभावशाली व्यक्तित्य के संवाहक हैं

पूर्ण जीवन इनका अपने कार्य और साहित्य के उत्थान के लिए समर्पित है लिखा लेकिन छपने की लालसा नहीं रही है

बिगत २२ बरसो के सानिंध्य में मैंने उनके नेतृत्य की अनुपम ख्यामता के साथ साथ नेह सरिता का प्रवाह भी देखा है

भारतीय रेल के मुख्य अभियंता के रूप में दायित्यों के कुशल निर्वाह के साथ साथ मानवीय संवेदनाओं का विपुल प्रवाह उनमे समाहित है

उनकी रचनायें गाओं की धूल और उपवन के फूलों को भी श्रेष्ठतम रूप में प्रस्तुत करती है

आसपास के परिवेश को संवेदनाओं में पिरो कर जब वे कविता के रूप में प्रस्तुत करते हैं तो विद्वता कर्मठता एवंम मानवीय संवेदनाओं की त्रिवेणी प्रवाहित होने लगती है

सम्पूर्ण देश में अपनी कुशल प्रशाशनिक क्षमता से रेलवे में शिखर तक पहुंचे और आज भी ऊर्जावान आदरणीय श्री सुरेंद्र कुमार श्रीवास्तव की कवितायें आपको एक सन्देश मनोरंजन प्रेरणा तोह देगी ही सृजन के पक्ष पर आगे तक ले चलेंगे जहाँ आपको व्यकितया विकाश के अनुपम सूत्र भी मिलेंगे

इस कृति के प्रकाशन पर उनका आत्मीय अभिनन्दन

अरुण कुमार जैन

भोपाल, ललितपुर

arun.k.jain23@gmail.com

भूमिका

मिलते जुलते भ्रमण करते जो भी भाव उठे वे स्वतः ही गये लिख
।

अर्थ जो भी आप में जग जाये, वही आप इन पंक्तियों के
लिए, ले लिख रख

सार्थक होगा तभी यह प्रयास

जब एक साथ इनकी कुछ पंक्तियाँ ही ले पाये आपके साथ
स्वांस

आपको अपने परिवेश में ये पंक्तियाँ

कहीं न कहीं सुनाई पड़ ही जाएँगी, बनेंगी तभी ये आपकी
कृतियां

पावती (स्वीकृति)

करचुली , गंजाम,ओडिशा निबाशी श्री चिन्मय कुमार नायक, सहायक प्रबंधक

जिनके अथक परिश्रम से इन रचनाओं को ये रूप मिला

श्री अरुण कुमार जैन, १२ महावीरपूरा , ललितपुर जो मेरे सहियोगी रहे जब में भुबनेश्वर में पदस्त था जिनके कारण लेखन चलता रहा

1. प्रार्थन पत्र 22 मार्च 22 कर्णावती (अहमदाबाद)

गति धीमी है या तीव्र, जब कोई चले.

पदचाप तो एक ध्वनि ले

अब सुखी हो डाल तो कैसे पुष्प खिले

यहाँ कोई पुष्प क्या रंग लें.

रात आधी हो शेष, फिर कौन भोर कहे?

बस प्रतीक्षा में ही रहे

बांध दी है किसी ने डोर, जीने के लिए

अमृत या बिष है केबल पीने के लिए

अरे हम हैं इसे पकड़े, यह दिखाते रहें.

तैरना हो आता, कैसी भी हो धारा तो कोई क्या सदा बहे.

वह और रात्रि थी हम झूलते रहे

निद्रा में या जागृत क्या कहें

मिला एक ठहराव, एक अलाव जलाया

कुछ पलों को अपने, वही ठहराया

एक कथा गई यहां रची.

हर पात्र ने मुझे ही सोची.

ऊपरवाला कह उसकी और कब देखा?

उसने कब अपने को किसी पुस्तक में लिखा?

हम पृष्ठ पर पृष्ठ रहे हैं पलटते

और केवल रहे हैं, भक्ति भक्ति कह भटकते

कहां हम अब तक स्वयं को पाए हैं जान?

फिर वह क्यों ना रहे हमसे अनजान

लहरों पर जैसे बिखरा कोई ज्ञान
कोई इसका करे कैसे अभिमान?
आकृति अक्षर का किस फल नहीं बदलता?
पता नहीं मुझे, यह कब किस पर है उतरता?
उसे होता होगा दर्द, तभी तो वह अपने को नहीं दोहराता.
तभी भिन्न-भिन्न प्रकार से वह रहता है कुछ ना कुछ सुनाता?
कहता हूं स्वयं से कल एक पत्र लिखें
लहरों पर झट उसे रखें.
उसका चाहे हम अब तक नहीं है जान पाए.
क्या पता वह हमारा पढ़ पाए ?
रहा हूं लिख ?
क्या पता है उसे, जाए हमारा यह सच दिख ?
क्या मैं अपना कह पाया ?
छोड़ा नहीं, इसी राह बार बार आया
नाव बना बना उसे नहीं छोड़ता.
पत्र में एक ही वाक्य हूं रखता
पहले थी गठरी, रहती लटकी.
कंधे पर, एक बोझ सी थी रहती
बोल इतनी, मेरी यात्रा केवल भटकी.
लेकिन ऐसे किसी और ने मुझे नहीं दी थी झटकी
कह सकता अपने को भार मुक्त.
यह भी सत्य ,हूं भाव रिक्त.
ना नदी, ना ही हूं समुद्र, लेकिन है तो एक द्रव्य.
मेरे भीतर का क्या उसे होगा नहीं सेव कैसे लाया जाए श्रव्य.
कुछ तो मेरा जान, झूठ को कर दूर.

एक पल के लिए ही बसा लो अपने पुर .
कुछ तो लोगे ही मेरा जान.
क्या तब आरंभ नहीं हो जाएगा एक नया अभियान

2. राही 23 मार्च 2022 कर्णावती (अहमदाबाद)

उसी राह कब चला जिस पर था कोई.

वीरान तब था इस पर अब, कब न थी मेरी परछाई.

कोई भी झोंका, कितना भी शक्ति हीन क्या सदा दीपक को बुझायें

मेरे लिए अंधकार का अस्तित्व ही नहीं-

फिर कोई कौन सा दीपक जलाएं.

मेरे लिए किसकी है आवश्यकता?

क्या इसकी किसी को है पता?

ना कोई कभी स्वर दिया ,ना लिख ही छोड़ा

टूटना ही इसने हे देखा, इसने कब किसी को है जोड़ा ?

मेरे पास कल नहीं है, चाहें अब

सदा में स्वयं के पास, फिर मैं अकेला कब?

ना कभी कोई प्रश्न ही ऊगा?

अभी, तभी तो कभी उत्तर नहीं जागा.

होता यदि तो पता नहीं किस -

-चौराहे पर मेरी राह देता बदल?

और फिर तब, कल ही करता रहता कल कल.

फिर अपना यही चक्र, -

कभी रहता उगता और फिर जाता ढल.

और अपना यही सत्य है ,नहीं पहचान लिए है कोई पल?

ऐसे में क्या करें कोई दीपक जल?

व्यर्थ ही तो होगा प्रयत्नशील हर पल.

स्वयंसिद्ध, कौन सा नहीं एक युद्ध?

चक्रव्यूह सा , कौन सी राह नहीं अवरुद्ध?

ऐसे दूरियां जब भी घटी.

किसी नहीं अपनों ने ही लूटी

अज्ञान इतना, प्रशंसा के गीत ही गाए

और फिर शक्ति हीन हम इतने अपने को सदा तब टूटते
ही पाये

जब भी किसी ने प्रश्न को उछाला

लगा तब पड़ गया है पाला

कोई कुंभ नहीं ,जहां सभी है मिलते

पुष्प कहीं भी होगे, वहां क्या नहीं है मिलते खिलते?

अक्षर चाहे कितने भी लेते रहे रूप या रहे कुछ --और बता?

लेकिन फिर भी आ, स्वर् की बसी नहीं धूप और- -उसकी
उष्णता.

कोई तो पाया होगा इसको जान?

लेकिन मेरा क्या कभी गया इस पर ध्यान?

मिट गया है रात और दिन का अंतर.

मेरे लिए कहां कोई कोमल ,-

या हो गया है कठोर पत्थर.

अपनाया ही, किसने मुझे कब?

और भुला भी नहीं, ना लिया ठहराव तब.

ना आंखें भींगी.

होठ रूपी धनुष ने तीर ही त्यागी

उभर रहा है कहीं कुछ कुछ.

वह भी क्या मुझसा, चल रहा इस राह, -

वैसे है कौन जो चलता कभी पूछ पूछ?

3. राह पर में 24 मार्च 2022 कर्णावती (अहमदाबाद)

ना कहीं धूप, ना छांव, फिर भी मैंने आंखें ली मूंद.

कल्पना से ही सही बरसा ली अपने ऊपर बूंद ही बूंद.

अब तारों ने जगमगाहट की मेरे ऊपर,

मानी मैंने चल रही चांदनी सी रात की नौका बिहार.

स्वेद कण रहे भूमि को चूमते.

ऐसे में कांटे कहां है चुभते?

प्रतीक ले वे रहे जीते.

हमारे पास था सत्य, हम यही रहे पीते.

जब भी लिया ठहराव अपनी चादर तानी.

तब तब सर्वश्रेष्ठ यही अपने लिए, मैंने सदा ही मानी

पथरीली यह राह कब मुझे चुभे

आलिंगन था यह उनका, क्या कुछ और उन्हें शोभे?

पुकार रही कितनों की, मैं कहां रुका?

स्वयं से यही कहा मैं कहां हूं थका?

सुनी उनकी बातें आते-आते.

कही भी कुछ, बस चलते चलते.

आग्रह था उनका हम कुछ देर तो ठहरते?

दूर है जाना कहा लगभग दौड़ते दौड़ते.

कुछ और कह नहीं पाया.

दौड़ दौड़ स्वयं को वहां से भगाया.

माना मैंने वे अब भी हैं सोए.
वे अपनी राह पर ही हैं खोए.
क्या मैं उनसे भिन्न जन?
बस इतना अंतर-
अपने पास मैं स्वयं हूं ,फिर कहां अकेलापन?
ठहर जाता, अपमान ही तो करता.
उनकी निद्रा का असम्मान ही तो होता
वे कितना समझते?
स्वप्न में हैं और स्वप्न में ही रहते.
क्या हम कोई बिछड़े हुए हैं उनके?
कहे कुछ तो, कब वे दें उत्तर,-
यही इतिहास उन सबके
किस सत्य का शोध?
डंके की चोट पर कहते किसका नहीं उन्हें बोध?
हम कहते यह उनका दर्द, लेकिन उसे वही तो पाले?
बिछड़ ना जाएं , फैलाए हैं उन्होंने, चारों ओर ऐसे मकड़ी के
से जाले.
उपाधि दे रखी है, स्वयं को, उन्होंने शहीद की
शेष वार्ताएं हैं औरों की वेद की.
हो पल ,तो ठहरे, और करें श्रव्य.
उत्तरों का, उनके पास है महाकाव्य.
मेरी आशा, ठहरी है एक पर
करेगा वही, परिवर्तन जिसका -
स्वर मिल जुड़ेगा मेरे स्वर .
मुझे एक है जगाना वह उन्हें जगायेगा
दौड़ रहा हूँ वह किसी पल मुझसे टकराएगा

4. कुछ झूठा सा 25 मार्च 2022 कणोवती (अहमदाबाद)

कली छिपी मिली पत्तों में, लेकिन लगा,-

-है देख मुझे मुस्काई.

आमंत्रण ही था, गई नहीं मुझसे ठुकराई.

ना ही कोई भंवरा आ, रहा था मड़रा .

क्या सुगंध पर लगा कोई गया है पहरा.

यदि कुछ था, नृत्य सा.

हाथ मेरे लग रहा था, सत्य सा.

जुड़ जुड़ वह बनता गया, मेरा अभिन्न भाग.

मेरे भीतर अपनत्व की, अब उठने लगी आग.

कर रहा मैं स्वयं से, आरंभ एक संवाद.

और सुन रहा धीरे-धीरे, उठता अपने भीतर आदि नाद.

मैं रहा खो, पता नहीं, किसकी किसकी कृतियों में?

फिर भी मेरा कुछ तो अभी भी है शेष, मेरी वृतियों में.

कुछ अक्षर रहे मुझे भर.

लग रहा है डर, कहीं मेरे होठों से जाए ना उतर.

शांति क्या यहां की होती नहीं इससे भंग?

इसीलिए ,दिया नहीं ,अब तक इसका संग .

रंग ही रंग, मेरे भीतर रहे बिखर

तभी हो रहे निर्मित नगर ही नगर.

यहां की कलाकृतियां कर रही मुझे मुग्ध.

कुछ और भी, है यहाँ कर रहा मुझे कहीं दग्ध.

क्या यह एक और वाणी, हो गया प्रयत्नशील एक कुछ और जान.

सजग ही रहूं, भटके ना कहीँ और मेरा ध्यान?

सांध्य क्षितिज का रंग मिल -मिल, स्वयं से रहा था खेल .

मुझे डर लगा,कोई और कहीं मुझे ना पकड़ा दे , अपना कह मेरा मेल.

कई रूपों में चाहे रह लेता?

क्या उन सा मैं, तब कह देता ?

ठगा सा मैं, पत्तों तक हाथ बढ़ा.

यह क्या ऐसा जैसे पृष्ठ पलटा और पढ़ा?

स्मरण करने लगा, क्या क्या मेरी स्मृति में?

मिला कहां कुछ, कब था यह मेरी प्रकृति में?

उपाओह की ,नहीं यह एक स्थिति.

समर्पण कब था मेरा, किसी के भी प्रति?

और जब कली खिली.

क्षितिज वाली रंगों की वहां छटा मिली.

पता चला क्या, कब वह मेरे भीतर गई थी बस

दृश्य यह डाल रहा था मेरे ऊपर रस ही रस.

उसने तो अब अपनी थी दी कह.

मैं क्या स्वयं में स्वयं हो कर पाया रह?

क्यों सदा मैं कल पर उतर ,रहता था सदा बैठा?

मानी, मैं ही हूं सत्य, जबकि मैं था झूठा.

सूखी पत्ती भी तो देती है एक संदेश.

मैं जीवंत, कब जिया, ले अपने भीतर के आदेश

5. तुम्हारा है कहीँ कहीँ कुछ कुछ 26 मार्च 2022 कर्णावती (अहमदाबाद)

उधार ही रही तेरी यह पंक्तियां.

उदित होती रहेंगी शेष जीवन बन के उक्तियां.

जब कभी लगा, मैं हूं थका.

प्रतीक्षारत है कोई कहीं, उसने आ ढका.

थक न जाए, वह वहीं खड़े खड़े.

गति से अपने हम सदा लड़े.

कमल और कुमुदिनी कब मिले?

एक दिन का, दूसरी रात्रि का और-

दोनों मिले कहां, बस ढले?

हर बार मैं अपनी वह चौराहा जाता हूं भूल.

आते जाते वहां उड़ती है कितनी धूल?

राह के कितने चौराहे में इस तरह लांघ आया ?

पता नहीं क्यों मैं अपने को स्वयं पर -

नहीं अब तक बांध हूं पाया?

प्रश्न इससे मैं सदा ही रहा हूं बचता.

फिर कभी और कह, मैं कब नहीं अपने को रहा हूँ कहीँ और रखता.

पाताहै नहीं , स्वयं को रहा हूं ढूंढ या भूल.

डरता रहता हूं क्या हो यदि यह बंद द्वार जाए खुल ?

इसमें से क्या मैं ही निकलूंगा?

भीड़ सा में क्या नहीं दिखूंगा?

हर इस संभावना पर मैंने राह है बदली.

सत्य वह था, इतिहास अपने लिए मैंने कुछ और ही है लिख ली.

कैसे कहूं, तेरी उपस्थिति मुझे

कभी सपने में भी नहीं आई?

स्मृति में है केवल,और केवल ,परछाई

मेरे पास नहीं है तुम्हारे लिए कोई संबोधन.

यह, भी असत्य, होगा यदि कहूं,-

ऐसा करने को करता है मेरा मन.

कुछ अक्षर, अब भी मेरे पास आ रहते हैं उड़ते

जो तब किया नहीं. तभी अभी उनसे मिल हम रहते हैं बिछड़ते.

अर्थ ,तब कहां समझ था पाया?

दर्द ही उतरेगा यदि वह आज समझ में आया?

एक गठरी और बढ़ेगी.

रहने दे निद्रा में ही शेष, जगी वह ,

पता नहीं क्या क्या करेगी?

मिलन मेरा क्या यह सत्य प्रकट कर पाएगा?

यदि हां, क्या वह दौड़ा-दौड़ा आएगा?

अब अभी क्या मैं तुम्हारा पता हूं?

मिलोगे भी तो क्या, चल ना दूं कह ,

पता अभी करता हूं?

एक उजाड़ सा है मेरे पास.

आप बस कर भी क्या ले पाओगे सांस?

ना डर पैदा कर रहा, नहीं दे रहा कोई आमंत्रण.

कह रहा वहीं, जो अब तक करता हूं आया, -

यह कब नहीं जानता यहाँ का कण कण
फिर भी तुम्हारा कुछ ढ़ोता रहता हूं चलता
मिलन की एक आस, तभी सदा मुझमे मिलता है पलता"

6. जी रहा 24 जून 2019 पुणे

कथा तो एक ही है तुम कहो या मैं कहूं.

इतना अवश्य करो इनसे, इनसे जुड़ मैं भी कहीं रहूं?

बच सकते हो यह कह, वह मेरा काल नही.

मत फैलाओ यह जाल, उपस्थिति तो है ही रही.

रंग रहा हो कोई भी?

क्या उसमें भी उसने अपनी रंग रूप देखी नहीं कभी

जीवन, नहीं सपना लेकिन वह था अपना सपने का गांव

कोई ढूंढे भी तो क्या मिले उसमें कुछ का भी अभाव?

कह कुछ भी क्यों तू लगाता दाव?

प्रकृति ने ऐसा कब दिया तुम्हें स्वभाव?

रुद्र ने कब ऐसा कुछ कहा?

फिर ढूंढ रहा क्यों दया यहां?

सोता ही रहा है अब तक, अब तो जाग ना.

बस इतना तू कर, यही रह जा, भाग ना,

पहेलियां ही पहेलियां, कितनी में बुझू?

लिख वह जो ,मैं बस ,कैसे भी समझू?

डर का यह कौन सा भाव?

हंस ना, पैदा कर उसका अभाव.

पेड़ों ने मुझसे कितना कुछ कहा?

भागा नहीं, वहीं खड़ा रहा.

कलरव ने भी तब मान दिया

मौन ने ही पूछा, और उसमें ही उत्तर लिया.

उड़ी एक चिंगारी.

राख के दाग को कह गई, वह रही बाहरी की ही बाहरी.

उठे उनके कितने प्रश्न?

और साथ ही फैलाए कितने दर्शन?

संवाद एक था.

गूंजता मिला, कैसे वह कब-कब अनेक था?

तारों को क्या कहना है होता?

सुनी नहीं जब किसने, बादलों का आना है होता?

और वर्षा भरी वह एक रात.

नहीं वह, आंसुओं से भरी कोई बात.

पतझड़ ने क्या कभी किया मना?

पत्ते, फूलों और फलों का क्या हुआ नहीं आना?

मिली स्मृद्धि की एक डोर

साथ ही रात्रि की एक और प्रतीक्षा, हो जाए भोर?

मिली अपनापन कि वह एक राह.

दौड़ा मैं, कहता नहीं कोई कर रहा यहाँ डाह?

और फिर जब आ बैठी ,कोई उदास शाम

सीखने सिखाने में इसका भी कितना रहा है काम

और क्रोध का वह आमंत्रण.

मानी मैंने जीने का यह भी एक क्षण.

जीवंत हूं, नहीं मैं जड़.

जी रहा, नहीं मैं रहा लड़?

7. बस एक प्रतीक्षा 25 जून 2019 पुणे

मिला जब फूलों से, मैंने बस यही कहा.

जीवन मेरा, तुम्हारे ही तो दम है रहा

सुनी मैंने, पास आती एक पदचाप.

क्या कोई सपना था जिसमें कोई दे रहा था थाप?

जब कभी मिली, उदासी की फैलाई जाल.

ढूंढी नहीं मैंने, किस संध्या की वह कौन सी काल?

जब भी कहीं किसी ने मुझे पुकारा.

कलरव ने तब तब दिया मुझे कितना सहारा?

जब-जब ढूंढा बहती कोई धारा.

खोल उसने अपना द्वार कब नहीं निहारा?

गहराई जब-जब कठिनाई की कोई बेला?

करने उपहास मेरा ,उसने कभी कुछ नहीं खोला?

जब भी किसी ने दिया धनुष पकड़ा.

तीरों की कमी ने कभी नहीं मुझे जकड़ा.

रह गई है उसकी स्मृति इतनी बस.

अपने पास है वही पल, जब उन्होंने दिया था हँस.

तिनके ने कब स्वीकार किया, वह वहां है पड़ा?

जिसने उसने सदा किया स्वीकार वह तो है खड़ा.

एक युद्ध हो सकता था घोषित?

क्या मैं कर रहा था इसे पोषित?

यवनिका का कब तक लेता रहूंगा आधार?

अंक कहां कुछ भी शेष जो लेता उनसे कुछ भी उधार ?

पगडंडियों ने कब की कोई बात, यहां कब नहीं मिली कोई खड़ी हुई फसल?

कह पाता में अवश्य कुछ, जब स्वयं से हो पाया- होता मिल.

फाल्गुन ओढ़, मैं नहीं होना चाहता था मस्त.

तभी मैं स्वयं, और नहीं कोई और, कर पाया मुझे त्रस्त.

मेरे स्मृति में बसे मेरे ग्राम के है वे पलाश के फूल.

कह रखा है उन्हें मैंने, मेरा सर्वस्य तुम्हारा, जब तू चाहे , जैसा चाहे खेल.

कर रहा प्रतीक्षा, बस कोई अब आए.

रंग सहस्त्र, एक भी तो रंग छाए.

कुछ-कुछ ठिठुरते हुवे ,कोई ढूंढी जब भी मैंने एक शाम?

फिसलती हुई वह रही कहती, कर ले तू कुछ काम?

झठ मैं हो गया तब जड़.

प्रश्न करता रहा क्या मैं पाऊंगा लड़?

फिर एक कथा का किया आरंभ.

शुभ शुभ कहता चला , ना हो मेरे में कोई पैदा दंभ.

तारों की मिली छुटपुट होती उपस्थिति.

कह रहा था स्वयं से, अब नहीं तुम अकेले, कर लो अपनी प्रस्तुति.

और कहा, लो अब स्वास, कब तक रोके रहोगे, कहते तुम कुछ रहे हो गिन?.

वह तो अब कर लो, जिसे करने का कभी तुम्हारा था मन ?

8. नाम 26 जून 2019 पुणे

नहीं कह सकता मैं कैसा, पर मेरा नाम कुछ ऐसा.

पुकारे जो भी, मिले इसका अर्थ, उनके वैसा.

मैं विशिष्ट, लोगों को पड़ता ही है मुझे पुकारना.

अपने घर पिताजी का नाम और ननिहाल में मां का- नाम

बार-बार पड़ता है सुनना.

घर पर सुनता ,यहां रहता विशेषण युक्त.

ननिहाल में केवल स्नेह, विशेषण से मुक्त.

दौड़ता कभी इस घर से उस घर की ओर.

किसने क्या कहा, किससे क्या है कहना, है- -पकड़ता ही

रहता इसकी डोर.

लाभ हानि से ऊपर,

यहां वहां रहता भी में ठहर.

नाना नानी गागा मामी , और मौसी का भी नाम- -रहता

था जुड़ता.

घर पर दादा दादी चाचा भाई और बहनों का नाम भी रहता

था मेरे साथ उछलता.

इतने नामों के साथ में अपना भूला.

पता ही नहीं यह कब हुआ, मैं ऐसे झूला?

यहां अपनों की इतनी बातें गया जान.

लेकिन ननिहाल में मैं मां को देता रहा सम्मान.

प्रयत्नशील रहा, यहां नहीं मिला कोई मुझे सुधार.

और वहां से, पितृकूल वाले अपने ले भी ना पाए कुछ उधार.

कभी-कभी मैं वहां था बसता.

और यहां भी वहां की कथा था कहता

यहां तो थी ही अपने जन.

वहां भी अपना ही आकाश, लगता कितना था मन?

वहां थी, मां की प्रसन्नता.

नाम था, और नहीं थी , किसी विशेषण सहित संबंध की आवश्यकता.

यहां उनके संवाद थे मेरे

वे प्रकट करते थे विशेषण के सहारे

तभी तो डेरा, रहता था मेरा उठता.

वहां विस्तार में, इनके लिए कोई नहीं था उतरता?

वहां के लिए अधिकतर यहां रहता था मौन?

कभी-कभी पिताश्री की उठती थी उत्सुकता, मिला वहां कौन-कौन?

विस्तृत ज्ञान का पिटारा मेरा तब खुलता

और सब भूल, व्याख्या करता मैं मिलता.

घर पर तभी मेरा होता था संवाद.

पता लगता था तब मुझे वे किसे कर रहे याद?

प्रसन्नता रहती थी तब बिखरती.

मां की हो रही प्रशंसा, मेरे भीतर यह तब कहां थी उतरती?

कई , कई बार थे मुझे पुकारते.

खोया कहां, वे कहां मुझे वहां रहते थे ढूंढते?

उत्सुकता उनकी, मुझे रहती थी ढूंढती.

दर्द था मुझ में, लेकिन मेरी वाणी भी तो रही निखरती

9. गति नहीं देखी 27 मार्च 2022 कर्णावती (अहमदाबाद)

मैं भूखा था और प्यासा भी

दूर तक देखा, और हंसा भी.

है कहीं सह- भोज, दूरी अब जाए, यदि सिमट.

तब तो यह दोनों जाएंगे मिट?

ठहरा नहीं, चलने की प्रेरणा रही,

अब अगला पल अपना, यहीं कहीं.

दृष्टि जब पड़ी क्षितिज पर. पाया वह गया है सो.

अब तक उन रंगों के साथ था चला चलने के लिए, अब कहा स्वयं से अब भी कमर कसो.

राह मैंने अपने हंसी और पद ध्वनियों से भर दी.

अब तक का सब भुला, इसने कुछ ऐसा मेरे भीतर फैलाव थी कर दी

यहां मेरी किसी से हो रही क्या प्रतियोगिता?

स्वयं से यह था, लेकिन मुझे अब तक इसका कहां था पता?

ध्वनियां क्या नहीं एक संवाद?

मेरे भीतर इनसे ही उठ रहा था, नाद.

श्वेद कणों ने उतर फैलाई शीतलता.

मेरे भीतर भी रहा था कुछ फैल, मेरी आकांक्षा थी, सबको रहे अब इसका पता?

चक्रव्यूह सा जिसने अब मुझे लिया है फंसा.

कुछ दलदल सा भी है, दिख रहा इसमें मैं कुछ धसा

झुक झुक कर चलना किया आरंभ.

क्या यह मेरी सहजता थी, या ज्ञान का दंभ?

छोड़ पक्की सड़क, कच्चे पर था उतर आया

तब भी ताप से कितना बच पाया?

धूल थी फिसला, और कंकड़ भी चुभा .

लगा मैं ही नहीं यह कर रहा जो भी इस राह, उसे किसने नहीं है भोगा?

इन स्मृतियों को सजाया .

ढूंढ रहा था कब ऐसा किसी ने था मुझे सुनाया?

राह रही कटती ऐसे.

गति नहीं देखी, चलते ही रहे हम ऐसे वैसे

विचार उठा, मिले कोई तो क्या कहूं?

या मौन ही धारण किए रहूं?

तभी एक पेड़ की ओट ले ली.

जीवंतता उसकी मैंने तब अपने में भर ली.

कुछ देर, क्या यही रहूं ठहरा?

यह है लालच, मुझे तब अखरा .

आ वह कथा बैठी, जिसमें दो थे, और यहां मैं- अकेला.

राह पर कर ,मैं अपने को , संभला .

वह कथा वार्ता.

मेरे लिए बन गई वह कर्ता.

नभ की ओर उठी मेरी दृष्टि.

हर कदम ज्ञान उतर, कर रही एक नयी सृष्टि.

10. वे दिन अपने 27 जून 2019 पुणे

वह दिन चाहे मुझ में अब तक नहीं था बसा?

लेकिन ढूंढते उसको , मैं समय और स्वयं पर कितना हूं हंसा?

अब चल चल ,उसका चाहता कुछ भी तो मिले?

कुछ भी बिखरा, एक टुकड़ा भी जो कहे, आ वह पल जी ले?

धरा पर मेरी दृष्टि , कुछ तो कहीं होगा?

तब ,वह क्यों नहीं मुझसे वार्ता करेगा?

अभी इतनी भी संध्या नहीं है उतरी?

जिसमें कह ना पाऊं, देख री.

क्या कभी किसी से मैंने लड़ी थी लड़ाई?

ना ना कहता मैं रहा तभी, आई एक अंगड़ाई.

अलसाया सा ढूंढता रहा, किसी भी मुख पर मिले उसकी आभा?

जीत ग पाया, मिली नहीं कहीं भी उजड़ी शेष सभा.

कैसी रही, पूछता, होता तब तो कोई?

या तो रहता मौन, या कल जैसी ही होती बताई?

मुस्कुराहट सी वहां क्या पड़ती दिखाई?

कुछ और ही, क्या ऐसी दिखाई पड़ती वहां लिखाई?

कुछ था ही नहीं वहां जो कहता बदरंग?

दैनंदिनी वाला ही वहां था ढंग.

कानो को हाथ लगाया

क्या पता कुछ हो वहां अटका, कोई गीत का टुकड़ा या शब्द
जिसे किसी ने हो सुनाया?
इस विचार तरंग ने नृत्य बसाई
मेरे धड़कन की गति बढ़ाई.
दिखे कुछ पत्ते नीचे बिछे.
इन्हीं से कुछ पूछे
उठ रही थी वहां अमलतास की गंध.
पूछे किस से यहां कैसे बसी है आ सुगंध
अब रख रहा यह तथ्य.
यहां, यह तो है एक सत्य.
पहाड़ के पगडंडी की यह धरती
कैसे यह आई क्यों वह कहती?
इस राह चलते चलते अपने को कितना पाया?
पता ही नहीं चला राह, में कितना है रह गया?
अब जब था लौट रहा
हर त्योहार को वहां ठहरा था पा रहा.
ढोल मंजीरो की ध्वनि वहां सुनी
कभी किया होगा मना, आज बजाओ यह मुझे पड़ी कहनी.
लगा अब मैं रंगों से हूं भरा.
इन पलो में भी लगा खड़ा मैं उसी धरा
स्वर अपना अब कुछ ही और था कह रहा?
वह त्यौहार जो था अब मन रहा

11. अशांति का एक सम्बाद 28 जून 2019 पुणे

अब झूठ ही कहा, लेकिन तो कहा.

प्रेम यहां आ तब बसता रहा

स्मृति में बसा यह, देता रहा धन्यवाद.

कम से कम कुछ तो रहा है चल संवाद.

कल क्यों नहीं कुछ बदले?

यहां रहे, या कहीं और चल मिले.

जब उन्होंने पुष्पों की ओर या अपने को किया- -इंगित.

भीतर स्वयं से ही उठा एक संगीत.

क्या पता मिले, तभी कहे मीत?

यह कुछ ऐसा ही मरुस्थल के इस वातावरण में- -कहीं से आ मिले लहर एक शीत.

नदियों को जोड़कर खेलना, यह अब तक रहा है- -केवल असत्य,

मैंने माना एक दिन यह होगा जिनकी नदियां- -उनके लिए तह होगा सत्य.

पुकारा मैंने, केवल यही आ तू मुझसे मिल.

भंवर जाल भी तब भी आ, देख कुछ पुष्प डाल.

प्रेम कभी तो पाया वह लिख..

जीना है तू एक सपना ऐसा जाए तुम्हें दिख.

जीते अपने उन धारणाओं से तू हुआ है केवल नष्ट.

देख फैला है यहां उससे केवल उससे कष्ट.

अब तक केवल जीता रहा है दंश.

पूर्ण है क्या वहां, बस केवल है एक अंश.

भिन्न उनकी भावना, दिखाने की चिल्लाहट और पूजा.

बाजा रहे कुछ और नहीं केवल ,अपना बाजा.

मानवता मानवता कह कर रहे उसे ही नष्ट.

जनसाधारण को वे होने नहीं दे रहे इसे दृष्ट.

मंदिर है जीवंत.

शेष का अस्तित्व ही है उनका अंत

जो है ही नहीं उसे रहे हैं ढूंढ

जुड़े हैं ऐसे, अपनी एक भी नहीं रहे हैं पढ़.

कह मैं कुछ, और नहीं मैं, कह रहा.

जो है दिखता, और जिस पर वे हैं आंखें मुंदे. अब तक मैंने वही है कहा.

करें स्वीकार, तो कितना स्पष्ट यह है?

और कष्ट भी यही, वही तो रखा यहां है.

स्नेह शांति केवल शब्द, इन्होंने कब इसे किया उपलब्ध?

जानता उनका ऐसा आपस में ही नहीं है संबंध.

धोखा ही है यह, यही कुछ ले वे जी रहे.

और भी मान ले इसे सत्य, बार-बार दोहरा रहे.

जीवन्त यह रहा दिख, तब भी कुछ चाहती हैं नहीं वे ले इसे देख.

सत्य ही मैंने कहा, हे धरा के वासी, अपने में तो लिख.

रहे ना ज्ञान स्वयं के पास, इसे फैला.

प्रकाशित कर, जाने इसे मानवता, और प्रगति खिला.

12. परिवर्तन का वह दंश
29 जून 2019 पुणे

पत्थर जब भी, उठे किसी हाथ में.

रहे सदा कुछ ना कुछ उसका चिपके- -उनके हाथ में
और फिर लिखी गई जीवन की ब्यथा.

कुछ शब्द ही उभरे लिए विष की कथा

बार-बार चाहे कोई कुछ कहे.

पता नहीं किस डर या प्रेम की परछाई ले वे जी रहे
चाहे मानी नहीं उन्होंने, अब तक लेकिन वहां है केवल
अंधेरा.

इस धरा का जो है अगर करें अंगीकार तभी- -फिर, मिलेगी
भोर कहे जीवन का या सवेरा.

यहां कभी किसी ने कुछ और नहीं कहीं?

क्या इन्हे यह समझ आयी ही नहीं ? इस माटी की गंध,
जो कभी थी आ बसी, अपने में तो वह सदा ही है रही. सुने
चाहे नहीं, उसने कब नहीं कही?

इस धरा ने सदा से रखी है आशा, कल कुछ अवश्य बदलेगा
रुकी हुई है कभी ना कभी यह भी वह सत्य फूलेगा फलेगा?
झूठी है उनकी नदी की बात या संस्कृति.

नहीं पास उनके रहने की इसके साथ एक भी रात ना ही हो
ऐसी कोई अनुभूति.

सांसो को बांधे है यह जीवन

उनके साथ कब यह छोड़ जाए , जानता केवल उनका मन.
कहने से क्या होता है अभी भी हमारे ही वे प्रिय जन?

चाहता मैं भूले रहे यह मेरा तन और मन
बरसों से रहा हूं बसाता स्वयं को दर्पण में.
लेकिन बसा कहां रहा हूं चाहे कितना भी अर्पण में ?
अब तक रहा हूं इसी में धसा?
उत्तर नहीं है मेरे पास कब मैं हंसा?
यह प्रश्न क्यों उठा, कितने तुमसे है मिलते ?
उत्तर छोड़ तुम उनसे पता नहीं क्या-क्या हो कहते?
होता है, यही उन्हें क्या है पढ़ना
और कहते हो यही है तुम्हारा उन्हें कहना
धड़कनों को यहां कौन है पूछता?
भविष्य की संख्याओं को रखता, तू है मिलता.
क्या मैं भी ऐसा ही कुछ लिखने हु आया?
मैंने तो हर पल दूसरा ही है पाया?
भीतर एक गीत मिला उभरता.
दिखा कभी ठहरा ,और कभी चलते कहता.
अक्षरों को चुन-चुन कर ,कब रखता ?
मिला नहीं, तभी तो कभी कुछ भी मिला लिखता.
मैं ही अपना पत्र, यह जीवन जब तक.
और यह भी सत्य, स्वास भी रहेगी तब तक
पता ही नहीं कौन कहां जाए रुक?
नहीं करता चिंता मैं, कौन रहा है कहां थक?
पता ही नहीं कब कुछ कह पाए वैसा?
दिखे जो कुछ भिन्न जैसा .
कुछ रह गए हैं अब भी आते आते
ढूंढने पर हम चाहे एक जैसा ही हो पाते .
इतना बस कह पाता हूं मैं हूं ना
कभी जाता हूं भूल, यह भी तो एक वार्ता रही ना??

13. एक और आदेश 13 मार्च 2020 कर्णावती (अहमदाबाद)

जब भी मिला अवसर , करता हूं स्वयं से वार्ता.

जब और आ बैठ हैं जाते, उनकी घोषणा अब वे ही हैं कर्ता?

इनसे ही जब होता रहता मिलना, स्वयं कैसे मिलता?

इतना करता. हूं दूरी बनाए रखता.

ध्वनियां ही आई और सब ने अपनी अपनी सुनाई.

लगा मुझे, कई दिशाओं से आकर, हवा ने अपने को यही है बसाई .

बालू के कण होते, पलकों से आंखों को ढक लेता.

इनसे बच तब पता

ओस की बूंदों ने कहा, तू चल हम पर पद रखता.

शीतलता से तब रहा डरता

पता नहीं इसमें उनका क्या छिपा हुआ था स्वार्थ?

ढूंढ रहा उसे, जो बतला दे अर्थ नहीं, तो भावार्थ?

वे महुए के पुष्प, अब भी लगता है कर रहे प्रतीक्षा?

तब होता था कितना किसके पास, चुन भी ले तो अब कौन करेगा इसकी समीक्षा?

स्मृति में उभर रही है पड़ोस की चाची.

यह खेल भी उन्होंने ही तो सदा रची.

दूरी तो तब भी थी, हुई नहीं देहरी को लांघना?

लेकिन उनका स्वास्थ्य वाला वह भाषण , उठा-

-था लेता, जब शुन पड़ता था उनका डॉकना?

ओस के ढेरों लाभ बाद में भी पढ़ें?

लेकिन पहला पाठ अब भी उनके नाम ही चढ़े?

फूलों के लिए होता था तब मंदिर तक का भ्रमण.

कुछ अपनों के साथ का देता था भी वह क्षण.

कुछ वार्ता यूं ही उस मध्य हो गई.

बढ़ नहीं पाए आगे, कितनी तब अधूरी थी रह गई?

तारे थे, चंद्र था और साथ थे बादल.

कह न पाए, कभी और लेते हैं मिल.

है अब तक उस चैत्र की सुगंध अपने पास, और- -राते है अकेली

शरीर कितना टूटा, और किसने सुना, क्या-क्या उठी वहां बोली.

पंखुड़ियों को नहीं तोड़ा, पुष्प जो हारता

. सुख वे सभी हैं गए, फिर भी स्मृति में उन्हें अपना मान हूं रखता.

अब तक कितना उल्टा पुल्टा है, एक झूठी भी कथा- ने नहीं है मुझे छुआ.

तब क्या कुछ था हुआ ?

हमारी वे कल्पनाएं या कथाएं, कितनी है कालजयी?

इतना तो अवश्य है यह अभी तक साथ देती हैं आयी.

यह चक्रव्यू पता नहीं अपने पास कौन गया बना?

कभी लगता कुछ सुना, और कभी सुना सुना

नहीं मेरी इच्छा मैं लूं मित्रों को पहचान, पहले स्वयं को ही मैं लूं जान.

नहीं कहता कौन कितना सफल, मैं स्वयं को देना चाहता हूं मान.

कैसे-कैसे धीरे धीरे मेरे पंख कटे?
हम ही वे थे, आज अब कहां रटे?
परछाई के साथ कोई कितना जीये?
अमृत भी हो तो कोई बिना जाने कैसे पीये?
अब भी रहा स्वयं को ढूंढ?
उठ उठ कहता हूं स्वयं को तू अभी कभी तो पढ़,

14. रणनीति 14 मार्च 2020 कर्णावती (अहमदाबाद)

मुख ढ़को , अपने को छुपा कर रखो.
यह युद्ध है, इसे ऐसे ही लड़ना है, सीखो.
जो अभी तेरी सोच, का बस उसको बुला
पहचान छिपेगी, संख्या बढ़ेगी और फिर खेल होगा खुला.
धन वर्षा होगी करानी .
नियत धन होगी सबसे रखवानी
कर पहचान.
विचलित हो जाए तू इनसे, इन्हें ऐसा भी अपना ना मान
रास्ते कर चिन्हित
फेरी लगा लगा कर उन्हें अंकित.
भवनों को कर वर्गीकृत
क्या तू कर रहा इससे कोई ना हो शंकित.
काल निश्चित कर.
फिर ना हो अगर मगर.
नेतृत्व किसका?
चुन और ,पकड़ावे हाथ उनका
ला अस्त्र-शस्त्र प्रकार प्रकार के,
वार कर अचानक बैठ ना हार के.
कौन अपना कैसे जाने?
सिर पर वही धारण करा , जो माने.

हो बड़े तो ,होने चाहिए अस्त्र-शस्त्र छोटे भी.

बम ,गोले तो हो ही, रहे पत्थर के टुकड़े भी.

से है जाना ,किधर है भागना?

क्या है छोड़ना और क्या है जलाना.

सावधानी रखना फिल्मांकन ना हो.

चलो दूरभाष पर भी कुछ ना कभी कहो

यह एक युद्ध ना लगे,

तुम मे से ही कुछ रोना धोना करें आरंभ, लोगों में जिससे दया भाव जगे.

उधर लोग सुन होंगे ही विचलित.

जो खड़े रहेंगे हमारे साथ ,लिया है उन्हें खरीद, हर पल रहेंगे ही बनकर हमारे मीत.

नौटंकी होती रहे भाईचारे की.

लो पूरी की पूरी नदियों की संस्कृति की सहारे की

कब वे नहीं धोखा हैं खाए?

हम ही गए हैं मारे लूटे यह नाटक सदा चलाएं

होंगे लोग साथ और धन की वर्षा होती रहेगी

फिर तो यह दुनिया हमारी होकर ही रहेगी

संख्या रहे हमारी बढ़ती.

कोई हो कारण, यह ना मिले घटती.

उन्हें ऐसे रहो फसाते, बार-बार बताते हो रहा अधर्म

युद्ध है यह अपना, विजय जैसी मिले वही है अपना धर्म

वे रहेंगे बढ़ते.

और हम फसल रहेंगे काटते "

15. अपनी एक राह 15 मार्च 2020 कर्णावती (अहमदाबाद)

भूख भी है तो ,मुस्कुराहट भी

भीड़ साथ भी है तो, है अकेलेपन की आहट भी

झुर्रियां प्यास है दिखाती.

नैनों में है तेज ,एक सत्य भी दर्शाती.

चल चाहे रहा. उचक उचक.

अब दौड़ नहीं रहा तो, नहीं रहा भी है रुक.

शब्द मौन, लेकिन अलापता मिला वहां एक शक्तिपुंज.

क्या खेल रहा कोई वह खेल कुंज कुंज ?

यह सत्य, लिए वह जी रहा एक सिद्धांत.

जीवन है यह, चाहे किसी के लिए एक वृतांत.

किसे उसे है उत्तर देना?

चाहता नहीं वह स्वयं से हारना

हारेगा 'यदि वह कह दे, किस स्थिति में वह रहा है रह.

कैसा भी हो दर्द, वह नहीं जाएगा उसमें बह.

उसके लिए औरों की पटकथा, औरों की

वे कर रहे नयन विहीन, अपने ही नागरिकों और नगरों की.

कौन सा यह जीवन उसका?

समय के साथ वे रहे जीते, जीये कहां ,ऐसा जीवन किसका ?

उनकी राह कंटको से भरा.

फिर भी लेकिन यह कब डरा?

निकल आप ही यह आया, वे रहते हैं उसी राह गिरते.

देखे थे कितने गिरते, इसे थे पकड़ते ?

और आपने आपने यह कब किया?

फैलाना था यह आपसे आपने क्या अर्थ दिया?

आप ढूंढे अवसर?

जब भी मिले, जी ले वह पल पकड़कर,

अब कौन सी परीक्षा, यही है उनका जीवन.

और मान लिया है इसीलिए बना है उनका तन.

इनकी कहानी में है अब अकेले किसे हैं उड़ना?

समूह ही है अब अपनी ही, उसे ही पकड़ है अब रखना.

क्षमा करें जो कभी दूर खड़े करते हैं विरोध

उनके लिए वह केवल एक पल, और यह परीक्षा प्रश्न जैसे अवरोध.

कितना सीखना है शेष अब भी?

और ऐसे ही जीना है अभी भी

रखनी है साथ मुस्कुराहट की आहट

और चाल में रखना भी है झटपट.

और मन में यह भी है जब भी देखे पीछे मुड़कर, दिखे ना कोई त्रुटि

और आगे भी ना हो ऐसा बोझ, झुक जाए जिसमें उनकी कटि.

हो तो केवल अपने होने की सुगंध.

खोल सके कुछ का तो बंध.

16. मेरी एक पहचान 28 मार्च 2022 कर्णावती (अहमदाबाद)

कल तक थी छाई एक अशांति.

अब मैं हूं जान पाया वह एक थी भ्रांति?

जब सब कल पर छोड़ा.

उसने उस डर की जंजीर को तोड़ा .

दर्द था अपने सम्मान को लेकर.

छूटे ना वह सहारा, चला था मेरा जीवन जिस को पाकर .

रहा था इसके साथ कितना मेरा जीवन प्यारा.

धन्यवाद दे दे मैंने स्वयं को ललकारा.

यह भी क्या एक नहीं और स्थानांतरण?

वहां का होता था पता, यह कुछ चक्रव्यूह सा कैसा, भी हो रण, लेकिन जीत का मेरा भी है प्रण

मेरे अपने कर रहे प्रार्थना.

मैंने स्वयं को भी नहीं इसके लिए किया मना.

इस पल से उस पल का, मिला कितना बदला?

कभी-कभी शब्दों को लेकर भी मैं संभला.

उठ रही थी मेरे भीतर सदा भावनाओं की गहरी तरंग.

कुछ ना कुछ और कहता मेरा, मिला हर अंग.

वाणी कैसे न देती उनका संग ?

हर पल मुझे डुबो रहा था, दे दे बदलते रंग.

फिर कैसे मेरे शब्द ना बदलते?

जैसा भी था, हम तो रहे प्रार्थना ही करते.
पता नहीं किस किस हिस्से में दर्द भरा था?
एक शब्द में कहूं तो मैं डरा था?
पता चलता तो एक-एक को उन्हें बाहर की राह दिखाता.
इस प्रक्रिया में कुछ से तो मिल पाता.
क्या यह एक युद्ध?
ना मानूं, ऐसा भी नहीं मैं बुद्ध.
अब चाहे भूलूं कुछ और कुछ याद करूं?
इस राह भी चलते मैं, अब भी कितना मैं डरु?
मेरा वह योद्धा, जो मेरी ओर से लड़ेगा.
हारा था पहले, अब है विश्वास, इस बार जीतेगा.
पहले का निर्णायक, रहता ही था हराता.
वह सत्य को सत्य सा नहीं था देखता.
आड़े आती थी उसकी अपनी पदोन्नति?
हर क्षण उसके सामने खड़ी थी मांगने को संतति.
उनके लिए हर क्षण वह जाता था ढह
सूखी नदी में भी वह जाता था बह
यहां भी है एक चक्रव्यूह.
इनके पास नहीं है पहले वाले जैसा समूह.
विश्वास यहां है जागा.
उस डर का अब पता नहीं वह कितनी दूर है भागा?

17. प्रेम पत्र 29 मार्च 2022 कर्णावती (अहमदाबाद)

गड़े मुर्दे हमारे नहीं उखड़ते,क्योंकि हम हैं जलते.

प्रतीक्षा कौन कराएं, जो जिसका उसको हम झटपट दे देते?

नहीं रखते किसी को डरा के.

तभी हम नहीं रखते बोझा धरा का बढ़ा के.

ना कभी मांगा कल, आज ही जीया.

जब भी वह आया हमें मांगने ,उसको हमने अपने को झट दिया.

रहती हैं हमारे पास कितनी कल्पनाएं वहां की?

कैसे वे होंगी पूरी वहां जब हमने अभी पूरी नहीं की यहां की.

यह सत्य है मैंने किया सदा स्वीकार.

इसे जैसे चाहो वैसा करो यह तुम्हारा है अधिकार.

मैंने लिखे हैं कुछ नए गीत.

पढ़ लेना उन्हें जब चाहो मेरे मीत.

तुम भी हो उसमें, ऐसे मेरे से कुछ और मिल लेना

जो रह गया शेष हमारा तुम्हारा, वह भी जान जाना

जुड़े हम और एक बार, मेरे हैं उदगार.

बस एक बार तो अपने को लो पुकार.

मेरे लिए एक बार चिल्लाना.

कोई आए या ना आए, एक दूसरे को बुलाना.

लग जाएगी मेरी गोष्ठी, मिलेगी मुझे तुष्टि.

तुम करोगे न ,इसकी पुष्टि?

गली के उसी मोड़ पर मेरा कुछ है छूटा?

ढूंढने पर पाओगे तुम्हारा भी वहां कुछ है टूटा?

अंधकार के हम सब थे प्रकाश.

मेरा तो है अब पूर्ण आकाश.

जो कभी मैं कह ना पाया वह तुम्हें होगा अब कहना.

ऐसे ही होता रहेगा हमारा मिलना.

कोई दर्द नहीं दे रहा, यह है अपनी जीने की राह, मैं रहा दिखा.

अपने सबके लिए मैंने यह है लिखा.

रख इसे किसी कोने में ,मत जाना भूल.

ऐसे में कम से कम यह मुझे देगा शूल.

यह नहीं केवल मेरी कल्पनाओं का संसार.

जीवन ही पाओगे जब भी खोलोगे इसका द्वार.

जब जब चाह भी हम एक दूसरे से मिल ना सके.

यह पूर्ण मिलन ,इसे अपने से ना रोके.

ना हो अपनी भावनाओं को दबाना.

क्रोध भी हो तो उसे आ दिखाना.

अपनत्व हो, तभी तो यह दिखाएगा कोई?

नहीं चाहता अपने मध्य कोई आ ,जमा जाए काई.

एक बार तो मेरा नाम उछालो.

कब कब तक पकड़े रहोगे गम को , मुझसे गलती हो गया यह भाव उसे अब तो कहीं डालो?

18. शैशव कथा 30 मार्च 2022 कर्णावती (अहमदाबाद)

जीवन ने जब मुझे देखा.

लोग कहते हैं तभी मैंने रोना सीखा.

जब कभी आंखें खोली.

रोया ही यही, अब बन गई थी मेरी बोली.

यहां आने के पहले भी तो मैंने कुछ नहीं था देखा?

अपना तो यही अनुभव था, पलकों को बंद ही था रखा.

कब नहीं रोया, हर परिवर्तन यही देता रहा अपना साथ ?

मुट्ठी रहती थी मेरी बंद, फिर भी कभी पकड़ा किसी का हाथ

बस रोया , रोया, केवल रोया

यह तब भी होता रहा जब किसी ने मुझे द्रव्य से मिलाया.

आनंद ही आनंद था जब ये देते थे सोने.

जब भी किसी ने उठाया तब हम लगते थे रोने.

कुछ शब्दों को सुनने का अभ्यास मुझे था हो रहा.

अपनी भाषा में, मैं उसकी करता रहता था पुनरावृति, लेकिन वह अधूरा ही रहा.

मैं तो स्पष्ट ही रहा था कह.

उनके समझ में, वह वैसा कहां आ था रह?

उनके अपने थे अर्थ.

और हम, अपनी भाषा में समझा ,उन्हें कर नहीं पा रहे थे

समर्थ.

लुढ़कना और इसके साथ ही हुआ आरंभ,

पालने में डाल मुझे ,दिखा इनका दंभ.

कितना यह तेल से भीगा अपना हाथ मुझ पर फिसलाते?

कहता मैं मिलता, इनके लिए हम रोते ही पाए जाते.

समझाने अपनी बातें मुझे लगा ऐसा ही पड़ेगा बनना.

अब तक मुझे आ गया है करवट बदलना.

कितना हुआ घीसटना और फिसलना- लूढ़कना?

मिला मुझे तब पालना..

गोदी में जब लेकर चलते मैं नहीं थका

रोया फिर जब भी कोई रुका.

अब हम उठ रहे थे कुछ पकड़ पकड़.

और संभलने अपनों के पैरों को रहे थे जकड़.

गिरे हम बार-बार, और वह पहला कदम, तब भी गिरा.

और फिर तब उठ के लिया जब दूसरा कदम, दिया किसी अपने ने सहारा.

कुछ कुछ कह,मैं पैरों से रहा लिपटता .

अब तो इनके शब्दों को भी मिला मैं पकड़ता.

चल रही है , मेरी अब यही दौड़-धूप.

देख रहा मैं जीवन के कितने रूप, यह भी कहते सुनाहे मैं गया हूं किसके स्वरूप?

संबंध अब मुझसे लगे हैं अपने को जोड़ने.

हम भी कुछ ऐसा वैसा लगे हैं कहने.

यह संसार में इनका रहा हूं देख.

चित्र ले लेकर , यहां लिखा जा रहा है मेरा इन दिनों का लेख .

अपरिचित आते, परिचित करवाते?

कितना अच्छा- होता यदि हम ,अपने जैसा किसी को यहां
ढूंढ पाते?
कुछ सीखा और कुछ रहे हैं सीख.
मेरे जैसा कुछ इनमें भी रहा है अब दिख

19. लग रहा, रह गया अनपढ़ सा 9 सितंबर 2019 मुंबई

दूर हूं बैठा, चाहे अक्षरों से, मुझे अनपढ़ कह लो.
मेरा मन करता है कभी-कभी, कह लूं .पुस्तकों से तुम ही मुझे देख लो.
स्वर नहीं है तो क्या वह कुछ नहीं कहता

मौन भी है तो लगता वह सदा, कुछ न कुछ,मेरे भीतर ढूंढता है रहता.
वह है एक इतिहास, किसी उस पल का.
लगता मेरा अब ले रहा जन्म वहां, पता है किस काल का?
मानस पटल पर मेरे, हां चिपक गए हैं उसके कुछ पृष्ठ.
हूँ जानता, जान पाऊंगा भी उन्हें, तो उगेगा वहां क्या नहीं प्रश्न क्लिष्ट?
आज भी रची गई, एक रचना , पढ़ प्रेम .
लगता है, चाहत भी, कोई रहा है आ, पूछने मेरा कुशल क्षेम.
पुस्तकों से मेरा प्रेम, बोलती भी है, और रखती भी हैं मौन.
मैं जब भी, आया उनके पास, उन्होंने अपनाया-
पूछा भी नहीं ,तू कौन?
जानो तो कैसे जी जी कर देखी गई हैं पुस्तकें
क्या नहीं लूं कुछ अक्षर उकेर, अब जब इस राह में हैं रुके?

कितना कुछ उन्होंने अब तक है दिया?
भूख यह मेरी जाती मिट, लेकिन स्वयं को कब खाली
किया?
प्रेमियों से मिल पूछो, जिनके पत्र अभी भी वहीं पड़े हैं दबे?
आशा है उन्हें. एक दिन तो वे भी उड़ेंगे, उनकी ध्वनियों में
नहीं होगा, अबे या सुन बे?
अब तक तो वे खुले नहीं, अब जब खुले , क्या वही कह
पाएंगे?
मुझे नहीं लगता, वे अपने को बदल पाएंगे?
कह ना पाया, लेकिन उन्हीं पुस्तकों के मध्य कहीं एक छोटा
सा है मेरा भी एक पत्र?
चाहत है वे पढ़, मान रखा है वे ही मेरे मित्र.
आकाश में मेरे ,अब भी , वे शब्द कभी-कभी हैं चमकते
लिए गए होते, यदि पढ़, तो क्या वे प्रश्न अब भी आ
दमकते ?
तभी तो ऐसा मैं, जैसा क्या कह सकता है संतोष, नहीं प्रकट
होता भी रोष
ऐसे छूटने से एक बोझ लादे अब भी हूं तब भी तो थे चले.
तभी आज भी हम कुछ झुके झुके से ही मिले.
मोर के पंखों को कहीं देखता हूं, पूछता हूं क्या क्या हे अपने
भीतर छुपा रखा?
पढ़ता हूं उन्हें उठा उठा कर, क्या क्या उन्होंने अपने में है
लिखा?
सरकंडों की ढूंढ अभी भी है चल रही?
कभी होता है अपने पास कागज, और कभी स्याही,
लेकिन तब अक्षरों का मान नहीं पाता संभल,

दूर से आती एक एक ध्वनि जाता में दहल.
पता नहीं क्यों, वही पुस्तकें पुरखों के समय से अब तक.
क्यों वहां ज्ञान, मिली नहीं, पता नहीं कहां गई है रुक?
क्यों वही प्रश्न अभी आ हो रहे हैं खड़े?
पुरखों ने अवश्य ही किया होगा हल, मैं पूछता हूं इन प्रश्नों
से, क्यों हो रहे तुम जड़े?
क्या उन्होंने तुम्हें दी नहीं पहचान?
उन्हीं की संतति, आशा रख रहे, खोल हर रहस्य, तुम दोगे
हमें मान.
पलटने में एक डर है लगता,
एक है पहचान चिपकी, मिट न जाएं जब हम करें उसका
स्पर्श, एक बोध है उपजता.
क्या बांधकर उन्हें इसीलिए है रखा?
खोल दू तो, क्या होगा, चोरों ने भी तो होगा तुम्हें देखा?
फिर यह क्यों केवल मेरे भाग्य?
सब यह बदल ला मेरा सौभाग्य.

20. बचपन और वह मेरा घर 19 सितंबर 2018 नॉएडा

घर ना छोटा होता है ना बड़ा, जैसा चाहे देखें वैसा कभी भी

.

जर्जर चाहे हो जाए दीवारें, क्या साथ छोड़ती कभी भी.
धरा से जुड़ा , नभ की ओर रहता है झांकता.
पता नहीं किसकी वह क्या क्या रहता है आंकता?
कहीं कुछ है छुपाता?
शेष पता नहीं किसको किसको रहता है दिखाता?
नभ से कितना प्रेम तारों का है वह उतार लाता?
तभी वह अपने ऊपर चांदनी सा कुछ है फैलाता.
बचपन में कई बार मैं हूं ना लपका, झट तोड़ लूं.
और सदा के लिए घर से उन्हैं जोड़ लूं.
और फिर जब सूर्य को बुलाएं.
इन्हैं फिर कहां छुपाए?
क्या करनी होगी फिर कोई कथा आरंभ?
क्रमशः पर उसे भी लटका क्या फैलाऊ दंभ?
कथा तो फिर वही बैठी ही मिलेगी.
और फिर क्या हंसी नहीं उठेगी?
तारों को जब अपने से किया नहीं दूर?
सूर्य को आ गया यह रहस्य भरपूर.
जब तक रहे उपस्थित.

सूर्य ने जान लिया उसे मिलेगी नहीं जगह ,तभी वह- करता नहीं मिला अपने को प्रस्तुत.?

खुला आंगन और ग्रीष्म की रातें

मिलती जब हल्की हवा, तब कथाओं में ऊपजती कितनी बातें?

अपने कालखंड को करती जीवंत.

लगता था इसका कभी नहीं हो सकता तब अंत..

पीढ़ी से पीढ़ी ऐसे रहती जुड़ती.

किसी भी वार्ता का संदर्भ, कथा से जुड़ता, वहां सब उड़ेली जाती .

हां, तब आ बैठ जाती, हमारे नावो का बहाना.

कोई ले भी, आता पतंगों का भी उड़ाना.

उठती तब चिड़ियों के घोंसले पर ध्यान.

कोई कोई रेखांकित करता वर्षा का स्नान.

कुछ अपनी स्मृति से , कुछ दूसरों से सुन , पता नहीं मैं क्या-क्या रहाता हूं सीखता?

कैसी भी हो परिस्थिति, जीवन की यही विचित्रता, सब कुछ देती है आज भी सुलझा, इसका मुझे है पता.

विशिष्ट है मेरे घर का हर कोना.

क्या-क्या नहीं होता है मुझे, वहां पाना?

ठठा के हंसने का मेरा स्वभाव, जब भी होती है शांति, आती है झुंझलाहट.

ढूंढता रहता हूं किसने- रोकी है ,मुस्कुराहट की आहट?

नभ से जैसे जुड़े, धरा से भी संबंध वैसा.

बस मत पूछना पड़ोस से यह कैसा?

कुछ तो है भिन्न.

कभी-कभी अपनापन और मुस्कुराहट बनाती मिलती है हमें

अभिन्न..
और शब्दों को नहीं सुना वहां भी जन्म लेते?
जो भी सुना देखा, हंसी में ही मिले, जीते और उगते

21. अपने साथ कुछ पल

31 मार्च 2022 निर्माण बिभाग बिश्राम गृह एग्मोर, चेन्नई

चल रही थी मेरी बादलों के संग होली.

और तो कुछ कर नहीं पाया, कुछ बूंदे उनकी ओर उछाली.

उनके गर्जन -तर्जन का उत्तर चाहे ना दे पाया?

लेकिन अपने गीत मैं जोर से गाया.

पत्तों पर जो वह थी कुछ अटकी.

मिली कुछ, हवा के झोंकों से भी भटकी?

हम ना हो पाए उनके प्रति निष्ठुर.

सदा ही हम कुछ कहने के लिए होते रहे आतुर.

कहीं मध्य में ही रह गए लटके, कहा नहीं गया हां या ना.

पता नहीं ऐसे में उसने क्या माना?

इंद्रधनुष जब आया उग.

कह रहा था वह भी मेरे मन जैसा ही लगभग.

पकड़ एक टहनी मैंने हिला ली.

कुछ बूंदे उतरी, मैंने बजाली ताली.

अब मैं प्रसन्न हो रहा था.

एक मिलन गीत सा मैं कुछ गा रहा था

क्या कुछ भाव ले रहे सन्यास?

क्यों कोई सदा दिखे उदास?

खेतों में केवल क्यों हरियाली की कल्पना?

लहलहाती ही क्यों दिखे हर फसल मेरे सपनों के अंगना?

और दौड़ जब कभी कर लेता हूं स्पर्श?

क्या वे अपने में करने लगते हैं कुछ परामर्श? एक एक
लहर सी उठती है दिखती वहां-

-भिन्न-भिन्न हर बार, तभी तो कहता हूं, देखता जब वहां
यहां?

मेरे भीतर चाहे बैठी हो नीरवता.

जीवन के प्रति तब भी रहती है उत्सुकता.

यह नहीं कोई कल की कथा.

आज की, और आगे की, यह हो सकती है व्यथा.

कुछ के तभी तीर भी ,आ है लगते .

और कुछ उदासीन भी है लगते.

क्या यह प्रकृति का अपनापन.

आता नहीं तभी क्या मेरा इन्हें छोड़ने का मन.

कहां तक सामान समाऊ इनमें?

क्या क्या बताऊं क्या है किसमे?

कुछ भी सुन के यदि मैं अपने को कर पाता स्थिर.

उछल पड़ता कोई भी संदेश आप आकर?

और मुझसे कुछ भी कल पर छोड़ा नहीं जाता.

और यह भी देखा है मुझे पता भी नहीं मिलता.

तब दृष्टि ना नभ पर होती है ,ना धरा पर.

चाह रहती है फिर भी कुछ जान लूं, चाहे ना मिले कुछ भी,
इसका कुछ भी समझ कर.

22. युद्धक्षेत्र 1 अप्रैल 2022 निर्माण बिभाग बिश्राम गृह एग्मोर, चेन्नई

जल रहे हैं ग्राम पर ग्राम, तब कैसे किसी भी जीव की या वृक्ष की, कोई वार्ता कैसे अलग से लिखूं?

दृष्टि जहां भी है जाती, अधजला , पूरा जला, बिखरे कंकाल, कराहती मानवता, ही तो देखूं.

यहां है ऐसी फैली शांति, घायल ही नहीं होता ,शर्म भी है आती.

नदियां यहां कौन सुगंध है अब ढ़ोती?

किससे पूछूं कौन है घायल?

और नहीं पता हम ढूंढे कैसे कोई भी हल?

मिल रही है केवल टूटते सांसो की कराह.

कौन यहां किसे बताए कोई भी राह?

सेतु नहीं रहा ढूंढ, उस पार जा करूंगा भी क्या?

नदियां हैं मूर्छित, पता नहीं किन की उन पर पड़ गई है साया?

यहां कहीं नहीं मिल रहा है रिश्ता या द्वेष?

लेकिन दे रहे एक संदेश विशेष.

इतना अब तक देख लिया, ना ही आंखों से आंसू है बहते?

ना ही हम अपने को पत्थर दिल है पाते?

है कराह ही कराह और तड़प.

वीभत्सता कहे, तो लगता अपनी को दे रहे शाप.

शब्द नहीं मुझे रहे मिल.

स्वयं से हम स्वयं ही रहे हार और रहे जल.

युद्ध की फसलें , कुछ है क्यों है ऊगाते ?

क्यों सदा यही कर अपना व्यापार है फैलाते?

क्या हो यदि भूख की टोह लेते?

क्या इन्हीं संख्याओं को लेकर हर्षित होते हैं और जीते?

कह तो यही रहे , युद्ध रहे लड़.

क्या इन्हें पता है, विनाश ने लिया है इन्हें जकड़?

आपका घर कौन सा?

यहीं कहीं तो था, पहचान में कहां है आता, हर जगह तो है कुछ ढेर सा.

एक और है सत्य, वे भी जी नहीं है, जो कर देते सड़ांध को कम.

अपने पर में, क्रोध भी नहीं कर पा रहा हूं कम?

और कईयों की इस पर समाप्त भी नहीं हो रही वार्ता?

संदेश देते हैं रहते हैं, लेकिन कहते हैं वे नहीं जानते कौन है इसका कर्ता?

अज्ञानता दिखा पता नहीं किसे कर रहे सुरक्षित?

अब तक का इतिहास यही कहता है ,यही है इनसे अपेक्षित.

देखना चाहता हूं कैसी है इनकी भूख?

शब्दों से परे, चाहता जानना, फैला है क्या इनके भीतर कुछ भी दुख?

दर्पण है, मैं ही हूं उसमें दिखता.

कहां कुछ उसके भीतर है उतरता?

पत्थर कह, पत्थर को दूषित नहीं कर सकता.

कुछ और ही है , इनके भीतर दूसरे का कुछ भी नहीं उतरता?

हारा मैं, प्रार्थना मे मैं, सब हो शांत.
फिर भी एक संस्कृति का तो हो ही गया है अंत.

23. कथा जीवन 2 अप्रैल 2022 कर्णावती अहमदाबाद

कोई मुझे रहा है ढूंढ, और मैं स्वयं को.

उसे मैं हूं दिखता, मिलता नहीं, साथ ही साथ आ- जाता है मेरा भी आड़े अब भी कुछ कुछ है शेष स्वयं को पाने को.

उनमें है स्नेह, मैं इसके विपरीत, कैसे पकड़ पाऊंगा अपने में बसे विदेह को?

ढूंढता हूँ कभी फैला था उस स्नेह को

उनमें नहीं है शीघ्रता, मुझ में यही, तभी तो ढूंढता- रहता हूं अपने पात्रता को.

वह जानता है अपनी सीमितता, और मैं ढोल पीटता सदा, है कितनी मुझ में समर्थता को.

बच बच के अब ऐसा है ,दोनों रहे हैं निकल

साथ ही साथ ,अपना अपना पाने को, दोनों ही हो रहे हैं विकल.

इतना अवश्य दया है रखी, कुछ लिखा नहीं.

लेकिन रखा भी नहीं है, अपनी निर्बलता को कहीं?

कितनों ने कई कई राहे सुझायी?

प्रसंग सुन सुन ,हमें लगता है ,हम अब तक रहे हैं आततायी.

जब कभी रोए या पाने हम दौड़े.

जब भी हम मिले, जानो हमने किसी और को ही पकड़े?

कभी कुछ चिन्हों ने किया भ्रमित?

कुछ हम सुन सुन, बिना जाने किसकी क्या परिस्थिति, बस

हम सदा हुए चकित?

यह नहीं थी कोई ,किसी की परछाई के पीछे की दौड़?

किसी का किसी से कहां है मेल खाता, वह कैसे सफल हो

सकता है यदि ले वह ,वहां उसका मोड़?

प्रश्न कभी ऐसा उगा तो भी , मैंने उसे भूलाया .

अपना नहीं यह किसी और का, कह उसे आगे -

बढ़ाया.

पूछा जब भी उसका नाम.

बता मेरा ही नाम, कहा उसने सदा, क्या है तुम्हें काम?

जानते हुए भी सत्य, नहीं हम कुछ कह पाए?

कह अब करता हूं संतोष, कभी तो हम समीप आए?

जानते अब यह नहीं अपना. तभी घुसते नहीं इस चक्रव्यूह

बना रहे अब अपना. जीतने के लिए एक समूह.?

जब तक राह अलग अपनी. लक्ष्य कैसे होगा एक?

काटना होगा ही चक्र, फिर यहां रहेगा ही एक नहीं, अनेक

डर तो है, लक्षित, अस्पष्टता बन.

शब्दो में ही नहीं भाव में और परिलक्षित ऐसे ही होता तन

संज्ञान में जब इसे नहीं लेते, प्रदान करता विफलता.

मंत्र भी यही लक्ष्य प्रदाता

मैंने तब कुछ शब्द रचे.

तब भिन्न ही हमने, कार्यप्रणाली सोचे.

असफल हुए तो क्या, कुछ का परीक्षण अब भी है शेष

वे है विशेष

तभी उन्हें स्वयं को भी नहीं है बेचे?

फिर भी यदा-कदा वे आ आ कर मुझे नोचे.

साथ है जो चले, बदलते रहे रूप

हम जब तक पहले को पकड़े, लगा तब हमारा संसार ही

बन रहा एक कूप.
पत्थर के एक टुकड़े को जब पैरों से बाहर उछाला.
उछला तो वह, वह स्थल रंग बदल हुआ काला
इस दर्द से बिलबिलाया अवश्य.
कुछ तो पा ही लिया, स्वयं को बताया यही है एक रहस्य.
अब तक केवल रहा था बुलाता, पहली बार किसी का स्पर्श
पाया .
गुढ़ नहीं यह, सरल कितना अब समझ आया, और धीरे से
मैंने अपने को अब उसी राह पर है पाया

24. जीवन गीत 1 सितंबर 2021 चेन्नई एयरपोर्ट

हमने जब भी खींची दीवार?
तभी जब भिन्नता की पहले ही बस गया था व्यवहार
वह ऐसी नहीं जैसे हम बांध रहे कोई बंदनवार.
सुगंध फैला रहे अपने इस द्वार
कहता कुछ तब भी इसे मानता कौन?
होती लोगों की हां, तब भी मैं रहता ही मौन.
उमड़तें घुमड़ते बादलों ने कब नहीं मुझे है डराया?
एक असत्य, नहीं जानता मैं कहां कुछ भी भर हूं पाया?
कुछ रहे भी तो वैसे ही जाते मुड़?
और आती जाती, कितनों से जाती हैं जुड़?
एक नया अध्याय बस है लिख जाता.
मैंने हर बार यही कहा, मुझे नहीं,, लेकिन औरों को तू जा दिखाता.
कोई आए तो मैं भी कह सकूं तू कुछ पढ़?
जानना चाहता ,इस पहाड़ पर कब किसी परछाई ने भी देखा कुछ चढ़?
हर बार कितना मैं तैयार , लू पढ़?
कल्पना से अपने भीतर कितना भी लू गढ़?
धुंध सा है, गोधूलि कहे.
अपनी अपनी नगरी उनकी, कब तक वे बंद रहे?
जाने कैसे किस पर किस की कैसी प्रतिक्रिया?
है प्रकाश, जल तब कैसे नहीं रहा दीया?

राह पर जब खेल रहा हो घोर अंधेरा?

दे रहा यही तो सूचना, अब दूर नहीं है हमसे सवेरा?

देखो, अब प्रस्फुटित होने वाली है वहां लाली.

वह पल क्या छोड़ पाएगा, अपने को बस तू कर ले अपने को कुछ तो खाली?

ढूंढ रहे हैं पल-पल का बचपन और आगे का.

अब यह तन असमर्थ कर रहा मन नहीं, किसका किसका?

अब दीवारों पर अपना है कुछ टंगा.

जो भी कभी घटा, कब तक रहेगा जगा?

क्या अब भी कहीं जीवंत है कुछ भी आग?

क्या है संदेश, क्या मानते कुछ भी लुटा है उनका भाग?

स्वर हो रहा यहां कुछ मध्यम सा.

उभरती आकृति ऐसी जो लगी है किसी और की , या कुछ और ही की बन रही एक माध्यम सा.

कैसे समझाएं किसी और को, क्या क्या यहां है- रोपा?

और भेद उसमें क्या-क्या रखा है छिपा?

आज अवश्य रही उगएक फसल,

देख कौन यह- पाएगा पता नहीं कल,

जग क्या नहीं हो रहा आज है भ्रमित?

कह भी ले, या देख भी लें, कह देंगे क्या केवल यही है- प्रार्थित.

छूट रहा कुछ, क्या नहीं कहूं रक्तबीज, नहीं यह केवल एक बोध?

जानते हुए भी कह नहीं सकते किसी को वह कितना अबोध?

किसके नहीं होते अपने-अपने राग?

अपनी-अपनी ढफली भी इसके साथ, सुन रहा कौन, दे रहा संदेशा, वह अपने पास बैठा, एक काग?

निष्ठुर कह चल तो नहीं सकते.
वैसे यहां भी तो नहीं रहते, पता ही नहीं हमें,, हम फिर
क्या कहते?
वहीं कहीं सदा से ही है हम बसे.
और पता ही नहीं मुझे, हम वहां क्यों रहते हैं धसे?

25. नदी 31 अगस्त 2021 नोएडा

नदी को लगे चाहे कितना भी डर?

कल कल सा ही रहता उसका स्वर.?

कभी आती है बाढ़, और कभी पड़ जाता है सूखा.

वर्षा से उसने कब कुछ भिन्न है देखा?

देख उमड़ती उसे, कब लोग नहीं हैं भागे?

तो भी इतना अपनापन उसका, नहीं टूटते धागे.

जब वह रहती शांत पड़ी,

लोगों ने अपने को उसने मूर्तिवत भी जड़ी.

मिलती नावे कुछ ना कुछ उससे हैं कहती रहती.

देखती, जल जीवो की उसमें कितनी बस्तियां हैं- बसी मिलती?

उनका जीवन खेल देख देख.

उछलने लगती है लहरों पर अपना लिख लिख लेख.

पृष्ठ उसका कम ना पड़ जाए

कुछ जल रहे ,तभी तक वह अपने को उस में छुपाए..

जो शेष, उस कुछ को उस में रख रख.

सिमटी रहती है, अपने से कब प्रकट करती है अपना वह दुख?

उसकी अपनी भाषा, कहते बोलते कभी हो जाती भी है मौन?

प्रश्न नहीं करती किसी से कभी क्या है और वह है कौन?

और कभी का वह संगम.

कहां पड़ता कुछ भी उसका मध्यम.

कहीं है भंवर?

शेष शांत ,और वहां कुछ भी नहीं रहा उभर.

मिलती है कभी लहरें उसमें उछलती मचलती.

शेष में लगता, थक गई है वे . तभी मिलती सोती.

चंचल मन किसी का जग ,जब देता है कंकड़ फेंक.

लहरों को तब वह नहीं पाती रोक.

यह भी एक निर्मल जीवन

किसी भी कंकड़ को क्या धारण करने का होता है उसका मन?

कितनी कथाएं रहती हैं उगाती.

ना सुनी ,ना किसी ने अपनाया, वह तो सदा से ही रहती है कहती.

किनारे खड़े कुछ पेड़ उसे है निहारते.

पल भर भी ठहरने के लिए ही सदा से हैं कहते.

गति धीमी अवश्य है कर लेती.

बहना उसका है धर्म, वह कैसे हैं रुक सकती?

बस ऐसे वह मिल.

इनकी भावनाएं अपने अंदर बसा, वह भी है उठती खिल.

वह भी किसी और से मिलने को है आतुर.

बहती रहती है सदा , इसीलिए कुछ भी कर.

26. यथार्थ 30 अगस्त 2021 नोएडा

कुछ राहें, बस लगने को लगती हैं बंद.

इसी से, सदा से, उपजता रहता है एक द्वंद.

साधारण सी , इन पंक्तियों में कुछ ढूंढ रहे समास और छंद.

शब्दों को दोहरा दोहरा ,कहते यह वह छंद, क्या सत्य जाने वे मंद?

फिर एक और कथा चलती है पड़.

और फिर ढूंढती कहां खिलती कली हो गई है जड़?

चक्रव्यूह सा फिर एक जाता है रच .

मिलता है ,दिखता है हर किसी को आरंभ होता एक नच.

कौन वहां अपने को, फिर रहा ढूंढ?

कहीं और ही. किसका नहीं हो रहा था कुछ, पूछता तो यह गूंजता, आ तू ही ले पढ़?

एक संदर्भ खुला.

दूर जा लगा , कभी कोई था मिला?

अब किसकी नहीं यह राह?

दौड़े कितने, ले पूछ या तू ही कुछ भी दे कह?

कब नहीं तब ,एक लहर सी उठी?

नहीं कहा, किसी ने, किसी को झूठी.

यह भी नहीं एक असत्य.

ना कह सकते उसका कुछ भी है सत्य?

किसका किसने पीटा ढिंढोरा?

कौन था उचाई पर, जो अब वह हो उतरा?

होती यदि वहां नदी ,क्या अब तक कभी बाढ़ नहीं आई
होती?

समतल पर सदा क्या सूखे की की मिली होती खेती?

जब भी ढूंढा ,मिले कई रंग वहां बिखरे बिखरे.

क्यों कोई भी मन, सदा वहीं उनके आसपास ठहरे ही ठहरे?

कथा क्या सदा भिन्न ही होगी?

वाणी क्या हर अवसर चुकेगी, कभी ना कभी कुछ तो
कहेगी?

जानो तो, यह भी बन रही एक राह.

दिखा रही संभावनाएं अथाह.

एक गहराई, दिख रही है आ बैठी.

सुनाई रहा है पड़, कोई ना कोई वाणी कुछ कहने को है अब
उठी .

दिख रहा है ,दिख रहा है अब एक सूखा सूखा सा किनारा.

साथ ही डुबो रही है दूसरे को, बाढ़ की धारा.

दिख रही है एक फैली सी वहां भीड़.

क्या कह सकते वहां है किसी की भी नीड़?

क्या नहीं, यह केवल एक बार वार्ता का स्वरूप?

वह कुछ ऐसा ही जैसे शीतकाल में खिल जाए कभी धूप?

बैठे हैं तो, वहां कभी इतिहास आ है उमड़ता.

संदर्भ हीन भी तो, वहां कई पीढ़ियों का ,क्या-क्या नहीं
उतरता?

जीवन की ऊर्जा ऐसे कर उत्पन्न.

कहे क्या ,बस कर रहे अपने को संपन्न?

27. प्रकृति का एक रूप 3 अप्रैल 2022

दर्पण वही, जिसे कितना मैं जानता?

दर्पण को भी मैं कौन , क्या कभी भी होता है पता?

प्रकृति के सौंदर्य मे ,मैं कब नहीं खोया?

मैं वहां था, क्या प्रकृति ने मुझे था पाया?

क्या क्या प्राप्ति हुई थी, वहां कुछ भी मेरी?

केवल प्रकृति ही थी. मिटी थी क्या भिन्नता की दूरी?

उतरा वह था मुझ में, और क्या निकला मैं अपने से बाहर.

दिख रहा मेरे समीप बस रहा नगर ही नगर.

क्या मैं कुछ भी कर सकता था स्वीकार?

वहां वह उसका ही था अधिकार.

परिवर्तन ,कब नहीं जीवंत?

प्रकट यही तो करता, कहता नहीं, किसी का कभी, भी अंत.

प्रकाश था जब, क्या अंधकार नहीं रहा था जी?

प्रकृति तो सदा ही रहती, किसी भी पल सजी-धजी?

क्या यहां किसी को था न ढूंढना?

क्या यह नहीं कह रहा एक ही है, और है भी एक ही होना?

यहां यही है, फैला प्रकृति का स्नेह ही स्नेह.

और मैं देख रहा था, यहां सबका धीरे-धीरे होना - विदेह.

सर्वस्व सर्वोच्च ,यहां सदा गतिमान.

रुकने की नहीं यहां प्रथा, यही तो देता है यहां सम्मान.

हर पल कुछ न कुछ रहा था लिख.

शब्दों का स्वरूप बदलना रहा था दिख.

फैला प्रेम ही प्रेम यहां मिला

किस ओर उसने अपने को नहीं दिया था खिला?

हर पल एक गीत को देखा उठता

अब तक तो कोई मिला नहीं , जो यहां हो रूठता?

गति ही गति हर ओर मिली,

बाहर भीतर प्रेम और गति ही मिली खिली.

ना अब था कोई अधूरा शब्द, ना यह कहता भाव.

मिला नहीं कोई यहां, जिसका हो भिन्न स्वभाव.

विशिष्ट ध्वनिया रही थी यहां गूंज.

स्पंदन कोशिका कोशिका ऐसा, जैसे तीव्र हवा में फहरा रहे हो ध्वज.

इंद्रधनुष और उसके परे का भी, रंग वहां था बिखरा.

एक ही सत्य, यही सत्य आ था यहां ठहरा.

जो था बाहर, उसी से मिलना हुआ भी भीतर.

एक पल लगा. क्या हुई नहीं यहां आने में देर, आया क्यों नहीं मैं यहां कुछ भी कर कर?

आया कहां से यह द्वैत ?

इसने फिसलाग़ा कैसे, यहां सर्वस्व ही था तो अद्वैत?

पहचानने की है जिज्ञासा, कैसे उत्पन्न हुआ यह भेद?

कब कैसे कौन गया, प्रक्रिया के किस भाग को कुछ और से ही लाद?

भटकावे में रखता पूछा किसी ने ,उत्तर है क्या देना?

हुआ वहां केवल एक दया भाव का आना और फैलना.

28. नदी के साथ 29 सितंबर 2021,बरेली

अभी अभी तो नदी दिखी भरी.
और किनारों में हो रही फुसफुसाहट उनकी सीमाएं ना रह जाए सुखी, ऐसी ही धरी की धरी .
दिखी नदी लेती एक अंगड़ाई
हो रहे थे प्रसन्न लोग, और डर भी रहा था उग, क्या हो यदि उसमे इनसे मिलने की भाव भर आई?
जब कहीं देखा नाव को पलटा?
पता कर रहे हैं कब यह हुआ, लोगों ने यही एक स्वर से रटा?
क्या यह नहीं नवनिर्माण की बाध्यता?
क्या यहां डर की फंसी हुई है एक सत्ता?.
वैसे जब नदी रहती है सुखी.
लोग रहते हैं भूले हैं ,कितने अपने विचारों को तब उन्होंने उस में रखी?
क्या किसी को है लगता इसका दंश?
वहां छोड़ आते हैं क्या क्या ,और कितना अपना- -अपना अंश ?
जब रंग उसका दिखा कुछ कुछ बदला.
कह क्या पल्ला झाड़ सकते हम ,वह हो रहा कितना- गंदला?
अवशेषों को जब हम लाए यहां खींच.
रखते उसमें क्या आई हम में यह सोच??

क्या हो यदि उन्हें यही बाध डाल जाए?

क्या उन्हें यह तब खेल भाए?

देख कुछ ऐसा कभी भाग हम आए.

और एक घटना सी हम ऐसे लोगों को बार-बार सुनाएं.

जब तक रहता जल निर्मल.

जीवन तभी करता हमारा वहां कल कल.

और दूर खड़ा वह नाविक क्या करता है मिलता?

वातावरण में उसके स्वर में एक सुंदर सा गीत रहता है उभरता.

क्यों नहीं मिली हमें ऐसी शिक्षा?

उत्तीर्ण हो जाएं , कभी भी जब यह ले हमारी परीक्षा.

अब तक कितने प्रश्नों में रहे हैं हम उलझे?

करने को नहीं ,केवल स्वर देने के लिए भी क्या कोई उत्तर हमें सुझे

होता रहता है सदा ऐसा, देखा सुना और दिए चल.

और दिन पर दिन ऐसे ही जाते रहते हैं ढल.

कुछ स्मृतियां रहती हैं उभरती

अयोध्या जी में सरयू स्नान मे मिले कछुओं की वह है कहती.

आते जाते सेतु से कुछ का स्नान करना है दिखता.

लगता हम ही कर रहे स्नान, लेकिन अब कछुओं की- अनुपस्थिति वहां एक प्रश्न खड़ा है करता?

सुंदर-सुंदर चित्र से सजे हुए हैं सब घाट.

क्या उन्हें है प्रतीक्षा, कब लगे हमारी वहां खाट?

जब जब बिना उतरे नदी से आया ,तब तब मेरे भीतर छाया एक सन्नाटा.

इसका धुंध अब तक नहीं छटा ?

यदा-कदा एक स्वर मेरे भीतर रहता है उभरता.
अगली बार उतर नदी में, जा कुछ क्यों नहीं दीखता करता.

29. पिंजडे में एक 6 सितंबर 2021 कर्णावती (अहमदाबाद)

पिंजरे में जब तक रहती है एक चिड़िया.
कितना वह देख पाती है बाहर की दुनिया?
बाहर के किसी भी पल का कहां उसे कुछ है पता?
क्या वह कर पाती है गुणगान यहां की संपन्नता?
जब होता है बादलों का बरसना.
झरोखे से ही तो हो पाता है उसे उसका देखना.
चिड़िया बस केवल इतना ही है जानती?
क्या वह कभी इसके आनंद को है पा पाती
कई बार चाहा उसके पिंजरे को खोल दु.
जा तू जहां चाहे जाना ,एक बार तो बोल ही दू.
लेकिन बाहर की अनिश्चितता का डर
शिकारियों का वहां उठता एक स्वर.
हाथ मेरा है थाम लेता.
और मैं यह सब भूल जाता.
स्वतंत्रता का अवश्य हम मनाते हैं पर्व.
रहता है हमें उन तिथियों पर गर्व.
वही हम क्यों नहीं दूसरे को दे पाते?
देश का उसका अनुभव, आ हमें रहते हैं डराते.
उतनी उड़ती कहां है यह?
केवल फुदकती है, संतोष कर लेते हैं तब यही कह.

जानती कहां यह दाना चुगना ?
जल कहां है पाना?
आश्रय का निर्माण करना.
हर परिस्थिति में अपने को सुरक्षित रखना.
जब हम ही नहीं है सीख पाए?
यह सब फिर इसे कहां से आए?
पता ही नहीं, क्या इसका कोई है मित्र?
पंख में इसके कितना बल, चोंच ही इसका अकेला अस्त्र?
पता नहीं कब इसने , इनका किया था प्रयोग?
ना का उत्तर मेरे भीतर उठा रहा है एक आवेग.
जब भी पिंजरा खुला, कभी वह कंधे पर आ जाती है बैठ.
खिलाने को कितना मनुहार करते हम जब वह जाती है रुठ?
मैंने तो उसे उस जैसे को पा, कभी कुछ बोलते ना सुना या देखा.
नहीं कहता इसका यह व्यवहार है रुखा.
यह अंधकार हमने ही तो है फैलाया.
शिकारी सा का यह जाल हमने ही तो है बिछाया.
मेरा अपना यह डर, क्या उसमें नहीं गया है भर?
सत्य यही, यही तो कर्म फल वहां रहा है उभर?
क्या हम कभी अपना पिंजड़ा पाए छोड़?
वह भी उड़ नहीं पाई, चाहे द्वार किसी ने दिया भी तोड़.

30. एक तत्वज्ञान 7 सितंबर 2021, कर्णावती (अहमदाबाद)

था कोई एक पल ही वह.

और एक ही शब्द हुआ उच्चरित सब गया बह

पता नहीं ,अर्थ वहां क्या उतरा?

उनकी अपनी जिज्ञासा से कैसे बताएं, सब बिखरा?

तब तक का क्या नहीं, इस पर पानी फिर गया?

एक वह पहचान ही तो थी अपनी , वह भी कहां अब साथ अपने आया?

किस वाणी मे वह नहीं रही थी अब गूंज?

दिख चाहे नहीं रहा, फिर भी क्या क्या बताऊं कितना गया है सुज?

एक ठोकर ही मेरे लिए अंधा हुआ नहीं.

ध्वनि है आती उसकी ,अब भी, सुनता हूं मैं हर कहीं.

कुछ अभी भी छिपा है मेरे भीतर.

बीज नहीं, पौधे सा उग, बढ़ रहा ऊपर.

भूल गया कितना कुछ था कहना?

मेरा इतना और उसमे किसका-किसका कितना कितना सपना?

गठरी ही गठरी अब मुझ पर है लदी.

तभी अभी मेरे चाल में आ बैठ गई है मंदी.

कभी किसी से कहा होता तो ,अब लेता पूछ?

फिर भी लगता रहता है स्मृति से अभी आ जाएगा ही कुछ.

और जब यहां है केवल एक रात्रि का ही ठहराव.

नींद जब आ बसी, पता ही नहीं चला किसका किसका है
अब अभाव?

ना जल कहूं ,ना आंसू, अब यह है मेरे भाई, भाव.

ना है यहां नदी, ना ही आंसू और ना कोई जल का-

स्रोत, ना ही चिंतित, लगा कहां कुछ मेरा है दाव?

बस दौड़ है ,एक अंक से दूसरे अंक तक.

नहीं कह पाते ,हे रुक, चलते हैं अभी गए हैं थक.

क्या कुछ चल रही कहीं अठखेलियां?

प्रश्न कब वहां कुछ उगता नहीं, ना ही फैल रही है कोई
पहेलियां?

क्या करें कि दूर हो जाएं कठिनाइयां?

मिले तो क्यों पूछे कहां है बहेलिया?

यह भी अपना आज एक सत्य.

शेष को मैं नहीं कहता वह केवल एक कथ्य.

कहां-कहां मैं नहीं हूं बसा?

पल पल मैं कब नहीं हंसा?

चाहे उन्होंने मेरी पहचान नहीं ली.

कुछ टूट टूट परिलक्षित होती ,तभी वहां मिली

दर्पण अपनी पहचान है रहा चुरा.

दिख रहा वह कितना साथ-साथ ही है डरा.

हम यह रहे हैं जी कल्पना के साथ.

आड़ी तिरछी रेखाएं, पकड़े हैं क्षितिज पर मेरा हाथ.

क्या कहे, क्या यही एक तत्वज्ञान?

तब कल्पना का कहां यहां कोई विधान?

31. उनके ना होते, विदा होते हुए 8 सितंबर 2021, कर्णावती (अहमदाबाद)

मुझे लगता है एक अधूरापन.

जबकि वे है नहीं, फिर भी लगता है, है यही उनका कहीं तन?

स्मृतियां यहां वहां से आ है रहती झांकती.

कल की ही तो है वे, रहती समझाती .

कोई भी वार्ता, लगती नहीं , हुई कभी पूरी.

छोड़ी जब थी, तब लगी कहां थी वह रह गई है अधूरी.

है कितना अभी भी शेष?

कह नहीं सकता ,अब पैदा हो रहा अपने प्रति कितना विद्वेष?

आते हुए, एक पल भी नहीं लगा था, वे है नहीं.

विदा होते लगा था, अभी वे है और कहीं?

कुछ भी नहीं तो था बदला.

आते जाते कुछ अचानक, अवश्य मेरा मन दहला.

ध्वनियां औरों की तो थी.

वार्ताओं में उतरती कुछ उनकी भी लगी थी.

क्या वह उन लोगों को भी होगा लगा?

समानता ढूंढी मैंने, क्योंकि मेरे में उनकी उपस्थिति का भाव था जगा.

कहते कहते भी उन लोगों ने जानता मैं अवश्य- कितना उन

लोगों ने ढका.

चाहते हुए भी, इस अवसर पर मैंने नहीं टोका.

यह कोई ऐसा अवसर तो था ही नहीं.

कहां अवश्य देता मैं, यदि वे होते वहीं कहीं?

हुआ कई बार डगमग.

फिर भी उनकी बातों को ना काटते रहामैं उनके संग

यदि मैं कुछ कहता, युद्ध ही तो छेड़ता.

पल-पल तब उनका चक्रव्यूह रचता.

और मैं अभिमन्यु सा आमंत्रित.

अबे भी संबंध बना रहे. ना रहे वे मुझसे आतंकित.

सुनी उनकी, और राहे सीधी सपाट उनसी ही- -रहने दी.

स्वयं को अपनी वहां कुछ भी नहीं कहने दी.

था वह एक दिन का प्रवास.

उनके लिए यही सर्वश्रेष्ठ रहेगा वे लेते रहें अपनी- अपनी स्वास

वहां भी कुछ मुझ से मिले और कुछ रहे छिपे.

चाहा भी नहीं मैंने कुछ, हम अपना वहां रोपे.

चलते हुए डाबडाबाया, घर को भी प्रणाम करने हाथ जोड़ा.

अपनापन वह रहा बिछड़, जो था उनके होते, कर- स्पर्श उसे अपनी गाड़ी को अगली गली की ओर- मोड़ा.

अब जब बढ़ रही थी दूरी, वे तो नहीं थे तब भी छूट रहे.

रुकते रुकते आंसुओं ने तो यही कहे

वे भी तो इन राहों से आते जाते हैं रहे, संस्मरण सा यह लगा.

उस बार का वह, और यह, आ आ रहा मिलता, और मैं बांधता रहा वह एक एक धागा.

भाव यही जाते हुए वहां नहीं थे हुए उत्पन्न.

अब बिछड़ने की संपूर्णता पर , कर रहे थे मुझे अपने से
संपन्न.

32. मैं अपने साथ 9 सितंबर 2021, कर्णावती (अहमदाबाद)

कैसे कहे ,औरों के लिए प्रकाशित किया उनका , वह हल?

कहना तो वही था, जो कहीं हुआ था सफल?

लेकिन मैं तो औरों को रहा था ढूंढ?

यह थी जैसे सबसे ऊंची चोटी, सामने सपाट खड़ी,- पाना था, तभी मैं इसे रहा था चढ़.

देखा कितने रहे थे दौड़, मेरी अलग राह फिर भी मैं- भी रहा था दौड़?

पता नहीं कितने संदर्भ थे, कितनों को हम आए हैं छोड?

रखने को अलग अपने को, उस भीड़ को रहा मैं ढूंढ.

मेरे भी हाथ लग जाए वह रहस्य गुढ़.

वह भीड़ कब नहीं चिल्लायी,

सफल को छोड़ कहां- यहां तू, मेरी उत्कंठा उग आयी,

जानना है, क्या वे कभी इनसे है मिले?

जो भी हो उनका उत्तर, हम भी इनसे मिलना ना- भूलें,

तब तक यहां से ना टले.

कुछ तो अपने भीतर भी खिले

किसी की गरिमा के विरुद्ध क्या मेरा यह षड्यंत्र ?

विचार ही तो रहा ,उनकी उपयोगिता ,मैं रह स्वतंत्र.

मुझसे कुछ ऐसे मिले.

ऐसे ही जैसे, वीराने में कुछ पुष्प ,कभी खिले.

यह क्या नहीं था मेरे लिए, लिए यह लाभ ही लाभ.

यह भी कितना सरल और सुलभ,

क्या नहीं दिख रहा है शुभ ही शुभ?

कुछ भी कहाँ है अशुभ?

यहां भी मिली भीड़ ही भीड़.

लगा भीड़ की यही है नीड़

लेनी पड़ रही थी मुझे लंबी-लंबी स्वास.

और मैं पूछ रहा था स्वयं से, मैं क्यों हो रहा उदास?

सब रहा था मैं देख.

थी फैली कितनी अनिश्चितता, साथ ही कुछ और भी- रहा
था मैं परख?

यह भी तो एक यात्रा, हम रहे चलते.

जहां हो कुछ भी अस्पष्ट, वहां क्यों रहे मिलते?

काल का रूप सदा होता ही रहता है परिवर्तित.

उसे कौन नहीं हो रहा समर्पित?

बढ़ते ही रहना ही तो होती है साधना.

सोने में सुगंध यदि चलती रहे साथ एक प्रार्थना.

कुछ परिहार तो मेरे हाथ आएंगे.

प्राप्ति की भावना वही तो उपजाएंगे.

चलता जब भी थका, मिला तब, बैठा पीपल के नीचे

गाय थी वही, कर ली परिक्रमा, पीछे बैठ, कितना- मिला
आशीर्वाद, यही हम कुछ सोचे?

हाथ मेरे जुड़े मिले, प्रणाम तो हुआ.

कोटि कोटि देवी देवताओं की शक्ति वहां. हर पल- इस सत्य
ने मुझे छुआ.

विशेषज्ञों सा , कई यहां आ मिले.

उनके विशिष्ट परिहारो से भी भरे मेरे झोले.

हो रहा कुछ-कुछ परिवर्तित, जीवन के इस राह- समर्पित.

शब्दभेदी बाण सा यह सत्य, करता था अपने को- अब मैं अर्पित.

टहलने सा लगा अब, दृष्टि चारों ओर फैलाए.

कितने रहस्य तब, स्वयं ही खुल खुल, मुझे दिखे- जैसे मिलने हो आए.

33. अपनापन 5 अप्रैल 2022, कर्णावती अहमदाबाद

आता है जब भी उनका चित्र मेरे समक्ष.

धुंधला सा है, कह मैं रख देता हूं अपना पक्ष

प्रसन्न हो उठता हूं ,क्या है मेरी मंशा तब, कोई- -नहीं है जान पाया?

ऐसे ही तो मैंने उस चित्र को निहारते ,कुछ और- -पलों को अपने पास ठहराया.

वैसे तो सदा से ही रहती हैं वे मुझ में समाई.

केवल आज बरसों बाद, मैंने उनकी एक चित्र है- पाई .

कुछ ना कुछ उनके विषय में था सुनना चाहता.

तभी मैं मिला ऐसा कहता.

कितने मित्र मिले, उनका कितना कुछ नया कहे?

हम बढ़ावा, तब कुछ और कहने को देते रहे.

कब से वे रह रही थी मेरे अंग अंग में?

आज पा रहा था वह, जो उनका था, कुछ कुछ- -औरों के संग में.

विस्तार दे, कितनी बातें ली पूछ?

हर कोई कहता रहा कितना अंजाना था मुझसे- -अब तक उनका कुछ ना कुछ.

मैं जुड़ता रहा , लिख लिख अध्याय पर अध्याय.

नहीं चोरी से देखना पड़ेगा ,वह पुष्प, पुस्तक में-

अब भी रखा है जो छिपाय.

उनकी वार्ताओं से कई कई बार मेरा मन भी टूटा.

मेरे ही वे, कुछ पलों के लिए यह भाव तब मेरे से छूटा .

अब वह था उनके लिए एक कथा सा या इतिहास.

सांत्वना दी मैंने स्वयं को, वह है मेरी और केवल है मेरे पास.

इन सबके साथ कभी उनका बचपन आया.

साथ साथ वाला और बाद का भी , अभी कितना कुछ बताया?

जो कभी मिले थे, उनका हो रहा था यात्रा सा यह एक संस्मरण.

मैं उन हर पलो को कर रहा था वरण.

तब मैंने उनके लिए प्रश्न नहीं उगाए.

बस केवल सुना, जो भी उन्होंने मुझे सुनाए.

रखता रहा एक एक शब्द में अपने से बांध बांध.

सावधानी इतनी ही रख रहा था, कहीं छूट न जाए सत्य एक आध?

लिख छोड़ा , यह नहीं था भूलना.

जानता, अब तक एक एक पल रहा था जीता, और यह भी, भी जोड़ है जीना.

उगे प्रश्न तो, कभी और के लिए छोड़ा.

इंद्रधनुष मेरा, मेरे पास था जब आ रहा, कुछ पूछ उस क्रम को मैंने नहीं तोड़ा?

अभी वह तो कर लो प्राप्त ,जो वे रहे थे दे, उठा विचार.

मेरे प्रश्न मेरे हो रहे, पा ही लेंगे कभी उनका उत्तर उनपर मेरा ही तो अधिकार.

यहां थी ,जैसे होती है प्रथम मिलन की उत्कंठा.

शांत रह, मैं देता रहा उन्हें प्रतिष्ठा.
बस ,धन्यवाद कह नहीं किया उसे समाप्त .
और रखना था क्रमशः की डोरी, वह होगा ही कभी न कभी
प्राप्त.
इतना अब गया हूं जुड़?
जानता मैं , वे मिल ही जाएंगे सारी बाधाएं तोड़.

34. समुद्र के कुछ पल 31 अक्टूबर 2021, कर्णावती अहमदाबाद.

पड़ रहा है समुद्र अब अकेला, नदिया रही है सुख.

वह लिखे भी तो पत्र, कैसे भेजें, उसे कोई राह रही- नहीं है दिख?

किरणें वैसे ही आ आ रही मिल.

क्या वे ऐसे रख रही है उसका दिल?

गर्जता है, और लहरें भी उसकी उठती है ऊंची.

यही है उसकी वाणी , पहुंचा देगी संदेश , क्या यही- उसने हैं सोची?

आश्वस्त क्या, उसकी जा रही सुनी?

बार बार कहे तो ऐसे, क्या उसने है मानी?

संघर्ष नहीं यह उसका जीवन.

स्वयं का क्या कभी करना है दमन?

क्यों ले, हम जैसा विश्राम के क्षण ?

गतिमान ही तो उसे रखना है अपना हर कण.

संबंध ही तो रहा बन.

मिलन ही तो बनाता किसी को भी आत्मीय जन?

ऐसे ही तो होता है जीवन -अमृत पीना.

यही बताता सीखा है ,किसने खुल कर जीना?

अब कोई क्यों हो, कभी उदास ?

देगा यही जीवन से भरता हर स्वास.

कल पर कुछ भी क्यों छोड़ें?

ऐसे ही अब हर पल ,स्वयं से स्वयं को रहे जोड़ें.

क्यों रहना कहीं और उलझ कर?

नहीं रखना किसी को सिर पर चढ़ा कर, ना-

ही स्वयं रहना सिर पर चढ़कर.

यह अभिषेक नहीं, हर हर कर स्वयं को है डुबाना.

और आमंत्रण भी यही, ही है आना

नहीं , ठहराव किसी भी काल.

लेगा नहीं विश्राम चाहे कोई कुछ भी ले पाल?

एक रंग नहीं ,कई रंग ही बिखरेगा

ज्ञान है, मिलेगा, जानता , जब राह पर राही बनकर- वह रहेगा.

क्या कोई खेल रहा अपना लुकाछिपी?

क्या कहीं और जा रही जपी या रोपी?

भीतर मच रहा है प्रसन्नता का शोर.

कह रहा है अब और अंधेरी रात नहीं, आ रहा है भोर.

क्या पता , राह का कोई नया स्रोत पड़े फुट?

हर बाधाओं को दे वह कुट

हो रहा शांत हर स्थल.

क्या जान गया वह ,आ रहा स्वागत का पल?

रेत में भी एक गति है दिख रही.

सफलता के क्षण आने ही हैं वाले, क्या यही कही -जा रही?

भाषा यह उनकी, या उनका यह समाचार पत्र.

नहीं जानता, क्या मन बहलाने का यह एक संयोग मात्र?

35. कुछ पल 1 नवंबर 2021, कर्णावती अहमदाबाद.

आंसुओं को फिर कभी , कह हूं रोकता.

दर्द को ओट देता ,जब भी मैं यहां हूं बैठता.

क्या सदा भटका रहता है मन?

भूलता कहां कुछ भी मेरा तन?

कथा है, तभी तो है अपनापन.

कह नहीं सकता ऐसे में क्या कहां कब रहते हैं ढूंढते- मेरे नयन?

दूरी कोई क्या कदमों से ही है नापते?

वर्ष पर वर्ष बीत गए, लगता है क्या हम कहीं - -समीप ही है रहते?

कभी आगे बढ़ ,क्या हाथ ने किया स्पर्श?

भाव भी नहीं कभी उगा जो हम कर ले एक दूसरे -का दर्श पर्श.

कल का पता नहीं वह क्या कहेगा?

नभ का क्या अपना छत वही रहेगा?

और खेलती वे किरणें क्या कभी भी वही रहेंगी- ठहरी ?

क्या वे नहीं देंगी, जाते जाते चोट गहरी?

कल अब भी है फैला.

उठता कहां है कभी भी कोई मेला?

पता नहीं मैं किन गहराइयों में हूं आ पड़ा

पता है परझाइयों ने मुझे कितना यहां है जड़ा

कह रहे हम , तब भी लगता है मैं हूं मौन?

क्या कहूं, यदि कोई पुकार पूछे, मैं हूं कौन?

क्या यह है कोई सपना?

अस्वीकार करें कैसे, जब कोई टूटता है अपना।

दिख रहा, कुछ कहीं रहा है ठन?

भीड़ है कर रही सिद्ध, कौन नहीं वहां है उनका- अपना
जन?

डोरी अपनी यही आ रही टुट.

चक्रव्यूह लगा, कौन नहीं रहा है लुट?

सभाएं दिख रही सज्जित.

आते जाते आप वहां चाहे हो लज्जित.

किसी कल पर उन्होंने रख -रखा है टांग.

कर पाए तो करें , जिससे जलती हुई बुझे आपके- भीतर
की आग.

कुछ आकृतियां वहां रही उभर.

आमंत्रण नहीं दे, तू आ और यही ठहर.

कितना है अकेला, तभी हो रहा अगर मगर?

मिला नहीं मुझे वहां कोई ठहरा एक भी प्रहर.

है सबकी अपनी अपनी दौड़.

कहां एक भी पल ,अपने को कोई कहीं और रहा है मोड़
छोड़?

मैं भी कहां स्वयं को रहा देख?

औरों पर गड़ी है दृष्टि मेरी, क्या यह नहीं है जैसे मांग रहे
हो भीख?

पता नहीं क्यों कोई दूसरा ,मेरे पर रहा लिख लेख?

क्या कुछ रह गया है शेष, वह उसका मुझे दे रहा- सीख?

36. रहा स्वयं को ढूंढ 2 नवंबर 2021, कर्णावती(अहमदाबाद)

कथा रही थी चल,

उकड़ू बैठा मैं, प्रसाद के लिए मैं रहा था मचल.

अध्यायों के समाप्ति के घंटे नहीं रहे थे बज.

ऐसा लगा, जैसे मैं वहां हो गया हूं गड़ा एक ध्वज.

श्रोता शांत थे, और कथावाचक मुग्ध

अगर कुछ नहीं था वहां, यह कि कोई मेरा ले नहीं रहा था सुध?

मेरी प्रीति ,जैसे धूम्र और आग.

कथा प्रसाद का संबंध जोड़ता ,क्या मैं यहां कर रहा था कोई नहीं उद्योग -योग?

ऐसे में, गैं कब तक रहूंगा बैठा?

प्रतीक्षा के इस अंतराल को ले ,मैं रहा बस रुठा.

कथा के इस प्रसाद का, मेरे साथ अनवरत चल रहा था संवाद.

साथ ही मेरे भीतर, उठ रहा था नाद पर नाद.

अब यदि कोई करें मुझसे तो वार्ता.

विस्तार से समझा दूं, कह रहा है क्या सबका कर्ता?

मुझ में वही अनुराग है अब भी.

पकड़े रहती है मुझे वह जागं कभी भी.

धूप छांव का कभी था यह होता खेल.

चिपका रहता है वह अभी भी, इतना उससे हो गया- है
मेलजोल?

कहूं क्या, अभी किस पर हूं रहना चाहता?

स्थिर हूं. बस अभी भी, वही प्रसाद हूं मांगता.

कभी विचलित होता, फिर भी रहा हूं सुन-

लगी है मुझमे एक धुन

और साथ ही ,वह युद्ध अपना रहा हूं लड़?

कभी मिलता मैं गतिमान, और कभी हो जाता हूं जड़.

पा निराशा, क्या नहीं मैं स्वयं को रहा भटका?

किसी अंतराल पर आ आ, आशा देती रहती है- झटका.

मेरी कामना मे क्या यही?

भूख ही क्यों दृष्टिगोचर हर कही?

बस स्वर है मेरा मौन, कितना मैं श्रवण से जुड़ा?

यह तो है सत्य, मैं अब भी एक ही स्थल पर हूं गड़ा.

विचलित हो रहा, कोई आ न कह दे, आया था- लेकिन आप
न थे.

व्यंग यह, धैर्य था रखना, यदि कोई कह दे, हम ना थे.

नाप ली वारिधि की गहराई.

पूछता किससे, कहां से मेरे भाग्य ऐसी संध्या है- आई?

कितनी देखी है ढही अट्टालिकाए, क्या वे रख पाए- अपने
पर अपनों के नाम?

आज इतिहास भी तो जाता है भूल, क्या हो यदि वह पूछे,
क्या यह भी है उसका काम?

इस ओर कितना मैं टहला?

इतना ही अन्तसः ने कुछ और दिया कहला?

पड़ी जब किरणें तो लिया उन्हें ओढ़.

विचार उत्पन्न होता रहा, मिल लेता उन से यदि क्या पता

वे मेरी भावना लेते पढ़?
अभी वहीं कहीं स्वयं को हूं पा रहा?
कितना हूं भूला, किससे नहीं ,अपना पता पूछता स्वयं को
हूं क्या पा रहा ?

37. स्वयं से एक बार्ता 3 नवंबर 2021, कर्णावती(अहमदाबाद)

उन्होंने मुझसे एक राह पूछी.

कहानी सा रहा सुझाता, मानता उन्हें लग रही है यह- अच्छी.

मिले, वहां ठहरे हुए भाव.

मानता रहा मैं, गति से बह रही है मेरी नाव.

कभी लगे हिचकोले ,तो मैं रहा रुकता

विषयांतर कर, कुछ और भी रहा मैं कहता.

पत्ते थे शांत, पर हवा तो रही थी बह .

जान पाया, वह कुछ और भी रही थी कह.

पता नहीं कौन श्रोता था कहां चला गया?

क्या वे थे वही, जिन्होंने उसे आकर्षित था किया?

यह एक प्रश्न था, उत्तर मिल जाता तो देता एक संतुष्टि.

देगा ही न यह, कम से कम मुझे तो एक तुष्टि.

विजय नहीं, तो यह नहीं भी है हार.

क्या ऐसा ही नहीं मेरा भी साधारण सा संसार

अब कल पर जा हूं बैठा.

करता स्वीकार, आज पर तो मैं हूं झूठा.

धारा की बहाव ले उठी मुझ में एक कल्पना.

पूछा फिर मैंने स्वयं से, क्या यह भी मेरी इंद्रधनुषी नहीं एक अल्पना?

डरा क्या मैं नहीं हूं?

जानना चाहता, ऐसा मैं क्यों हूं?

कभी जुझता मैं, लेकिन नहीं मिला.

कुमुदनी कब दिन में कभी, कमल ही तो खिला?

स्वयं को ,दूर से नहीं ,समीप से रहा था देख.

वाणी तब लिखवाना चाहती थी एक लेख.

उतर रही थी, जैसे महाकाव्य की हो वे कुछ पंक्तियां.

मुझे मिल रही थी उसमें उभरती कुछ उक्तियां.

दूर अवश्य रहा था देख, लेकिन अनदेखा नहीं कर- रहा था
अपना आसपास.

वैसे चाहें धीमी थी यहाँ मेरी स्वास,

यह कर रही थी लालिमा- की कल्पना.

क्षितिज पर उभर रही थी एक अल्पना.

क्या है यहां मेरा कुछ भी काम?

प्रकृति नहीं है ठहरी, ला रही है एक शाम.

अब तक मैं उबर सा था आया.

स्वयं से ही पूछ रहा था तैरते मैंने क्या है पाया?

ज्ञान की है वह कौन सी गठरी?

वह जो रही थी कहीं चमक, मिली वही पर बिखरी.

क्या कोई नाम दे सका ?

रहा चाहे वहां कितनी देर भी रुका?

कल पर बैठाता मिला तब एक स्वप्न, कह सकता क्या यही
मेरा धन?

मेरा क्या, इसीलिए है यह तन?

38. यात्रा पर 6 अप्रैल 2022, कर्णावती(अहमदाबाद).

लक्ष्य मिला नहीं कब?

यात्रा आरंभ ही नहीं हुई तब

जो छूट गए थे पीछे, वे आए किस काम?

उन्होंने ही तो मुझे आगे बढ़ा दिया यह नाम.

क्यों नहीं की उनकी प्रतीक्षा?

यात्रा कब देती है ऐसी किसी को शिक्षा?

क्या यह मेरा वचन कसैला?

क्या करूं, यदि किसी ने इसे ऐसा हो तौला?

भीड़ ही थी वहां ,मैं नहीं रहा उसे देखता.

लेकिन, पल पल मैं रहा हूं, कुछ न कुछ सीखता.

यात्रा मेरी वह कहीं कहां थमी?

बढ़ने का ही रहा है सदा भाव, यह क्या मानी जाएगी कोई कमी?

जो रह गए थे पीछे, क्या मैं उनकी करता प्रतीक्षा- और रहता ढूंढता?

तब कब, मैं अपने लक्ष्य की ओर अग्रसर होता?

जिस किसी ने कभी पूछा मेरा परिचय.

वह करें मुझे, क्यों ना मेरे कार्य से अपने में संचय?

नहीं ,मेरे पास कोई अपनी कहानी.

पाने मुझे, उन्हें अपने में ही होगी झांकनी.

कहा नहीं है, मैंने यहां दर्पण.

भाव यह वे करें अपने को अर्पण.

ऊंची चोटी ही नहीं मेरा लक्ष्य.

मेरी है यह, उसके आगे की राह बने मेरा साक्षी और साक्ष्य.

नहीं मैंने खींची है कोई एक सीधी पंक्ति.

ना ही कोई तिर्यक रेखा ,ला देती है कोई उक्ति.

प्रार्थना रहती है, है यात्रा यह ,रहे हमें पता.

ना कभी चल स्वयं को बता धता , अनवरतता की बनी रहे मेरी यह पात्रता.

क्षितिज को कभी हम छोड़ ना पाए?

कैसे कहें, क्या क्या हम उसके पास है पाए?

भाव में यही सदा रहा, ना पड़े कभी वैशाखी की- हमें आवश्यकता.

साथ ही, यह भी ना हो ,मैं ना बनूं अमरबेल लता??

कभी सीमा नहीं लांधी.

ना ही कुछ छोड़ी आधी अधूरी, ना हीं कुछ साधी.

ऐसा भी नहीं , हम कहीं ना हो ठहरे?

जब भी गिले गीत, यही किगा. और हर ओर बिखरे.

लोगों ने जब जब कई कई नाम दिए.

उन्होंने चाहे कितनी भी अप्रसन्नता दी, मैंने उनका- कुछ भी नहीं लिया ?

इन सागर सी षड्यंत्रों को तो मैं इतना हूं जानता ?

तभी वे कुछ कहें, उन्हें उनके उस गलियों की माला को अपने पर लादने नहीं हूं देता?

फिर भी मैंने उनकी ओर प्रशंसा की ही, यदि डाली तो दृष्टि डाली.

लौटने तो नहीं उन्हें दे सकता था उन्हें केवल खाली?

39. बार्ता एक और 23 अक्टूबर 2021, नोएडा.

जब भी सुनाई मैंने अपनी.

उन्होंने ढूंढी उसमें अपनी ही रागिनी.

तभी मैं, अब भी उनके गीतों में हूं टंगा.

वे सिद्ध रहे हैं कर ,हम हैं सोए, कभी रहे ही नहीं ,जगा.

लग गया हूं मैं भी, उनमें उन्हें ढूंढने?

वे कह चल देते हैं, हम सदा रहते हैं लगे ,उन्हें लूटने.

क्या यह है कुछ कलरव सा मेरा?

मुझे पता भी नहीं चलता , है कहां पड़ा मेरा अब - अपनापन का डेरा

कहता कहता मैं अब मौन हूं धारण कर लेता.

पता नहीं क्यों ,बार बार उनका ही चक्रव्यूह है रच जाता,

और फिर मैं स्वयं को उसी मे हूं पाता?

अपनी जड़ तो मैंने ली है ढूंढ.

लेकिन वे कह यह चल देते, सत्य को तो कभी लूं मैं पढ़?

कभी मिट्टी सीधे मेरा भार वहन थी करती?

अब उसकी एक कण भी कहां है दिखती?

बस कहा, नहीं कुछ ऐसा कि वह उखड़ा.

गतिमान कहता क्या कभी किसी ने किसी को है जकड़ा?

क्या पोषण सा है कुछ चल रहा?

रंग भी कहां बदला है वह तो पहले सा ही मिल रहा.

कभी मुझे मिट्टी से भरा नहीं, क्या यह उनका बड़प्पन?

यह भी तो नहीं कह पाता, यह है बचपन?

पता नहीं किस दर्शन की कैसी अभिलाषा?

यह भी तो नहीं जानता ,क्या प्रकट करती मेरे मन की यह मेरी भाषा?

कल पर कब था मैंने टाला ?

पता ही नहीं, कब बदला था पाला?

दौड़ भी नहीं रहा, ना ही कहीं ले रहा ठहराव.

फिर भी कहीं ना कहीं उठ रही है टीस, तो है ही कहीं घांव?

यह पल अपना, कर क्यों नहीं लो इसे अपना?

उजागर तो करो स्वयं को , स्वयं का क्या है अब तक का सपना?

कुछ पृष्ठ खुले, कुछ शब्द हैं उभरे.

पूछ रहा मैं स्वयं से, कभी इन पंक्तियों पर हम क्यों नहीं-ठहरे?

सूर्य कब नहीं उगा?

दिन कब नहीं जगा?

कब बांध नहीं गया धागा?

गांठ चाहे ना हो, किसी को लगा.

एक भाव तो हुआ ही प्रकट.

चाहे अर्थ ना मिला हो झट.

फिर भी क्या मैं रहा नहीं इनके पीछे?

क्या पता, कभी कर दे प्रकट, कुछ अच्छे.

तभी वही है हम अटके .

अच्छा लगता है, कभी इसी तरह रहे हम भटके भटके.

40. कुछ तो कह लें 24 अक्टूबर 2021 नोएडा.

चलती हुई यह राह ,मुझे कहीं से भी है दिखती?

कुछ कदमों की आहट मेरे कानों में रहती है पड़ती .

अब चाहे कितनी भी है अपहचान?

उठने के दर्द से , इन्हें दे नहीं पा रहा सम्मान.

वह था कल.

लेकिन ,यह तो है आज का पल.

गूंज रहा यहां केवल, उनका कल कल.

क्या पता एक अगला पल ,और जाए तब सब संभल?

उनका करता धन्यवाद हर पल हूं मैं बैठा.

प्रार्थना में है, कोई भी अगला पल ,ना हो मेरा झूठा.

और मेरी चाहत में नहीं, हो रहे सदा सरलीकरण.

जीवन रहे , जैसा भी मैं ,जीउ कभी भी,वैसा ही हर क्षण .

श्वेद कणों से चाहता ,अपनी हर राह सीचना.

नहीं चाहता कभी किसी के कंधे पर बैठना.

एक भीड़ है, वह उमड़ती रहती.

कब रहती है शांत, आती-जाती वह अपनी ही है कुछ कहती रहती ?

कुछ को ही है रहती चिंता कल की?

क्या बसता है डर उनमें उस पल की?

क्या यह नहीं भूलावा, वे स्वयं को हैं देते रहते ?

और कुछ टूट-फूट लिए वे रहते हैं जीते

कभी लहरों के साथ रहा था खेलता.

हवा के हर थपेड़े के साथ में मिलता हूं अब बातें करता.

कभी जब मिलता हूं मौन.

सिसक सिसक हवा पूछे जिससे मैं मिल रही, वह है- कौन ?

तब मैं कह नहीं पाता मैं हूं कहा?

उलझा मैं इतना ,जब कोई और पूछे, तब भी कहां कह- पाता हूं मैं हूं यहां?.

मैं स्वयं में ही कितना हूं अब तक सुलझा?

ऐसे ही जैसे खुलता नहीं कभी-कभी उलझा माझा.

ना कल पर यह है छूटता.

ना आज का यह जीवन है टूटता.

मेरे चारों और कौन सा रंग नहीं रहा है बिखर?

ऊंची अट्टालिका है रही मन से उतर.

मैं बैठा, यही मेरी पुष्प -वाटिका.

सत्य कहूं, वर्षों से मैं यही हूं अब तक अटका.

कलियों के सौंदर्य से हो रहा अभिभूत.

पुष्पित होने की काल की गणना हो जाए गांठ बांध बांध- गैं उन पर डाल रहा सूत.

दिन की गणना कर लूंगा.

जीवन की उर्जा ऐसे कर मैं, स्वयं मे ग्रहण करूंगा.

अब नहीं अकेला, भूला हर दर्द, केवल ऊर्जा रहा मैं पा.

अब हर पल आ आ, वह मुझे रही थपथपा.